被**人工智能**操控的**金融业**

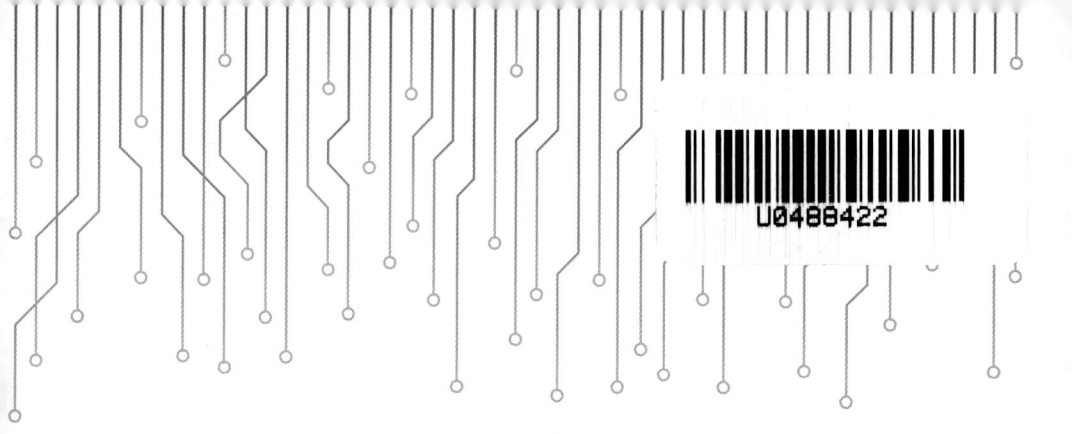

人工知能が金融を支配する日

【日】樱井丰（YUTAKA SAKURAI） 著
林 华 沈美华 译

中信出版集团·北京

图书在版编目（CIP）数据

被人工智能操控的金融业 /（日）樱井丰著；林华，沈美华译. -- 北京：中信出版社，2018.2
ISBN 978-7-5086-8316-4

Ⅰ.①被… Ⅱ.①樱…②林…③沈… Ⅲ.人工智能－影响－金融业－普及读物 Ⅳ.① F83-39

中国版本图书馆 CIP 数据核字（2017）第 273243 号

JINKO CHINO GA KIN'YU O SHIHAI SURU HI
by Yutaka Sakurai
Copyright © 2016 Yutaka Sakurai
All rights reserved.
Originally published in Japan by TOYO KEIZAI INC.
Chinese（in simplified character only）translation rights arranged with
TOYO KEIZAI INC., Japan
through THE SAKAI AGENCY and BARDON—CHINESE MEDIA AGENCY.
Simplified Chinese translation copyright © 2018 by CITIC Press Corporation

本书仅限中国大陆地区发行销售

被人工智能操控的金融业

著　　者：樱井丰
译　　者：林　华　沈美华
出版发行：中信出版集团股份有限公司
　　　　　（北京市朝阳区惠新东街甲 4 号富盛大厦 2 座　邮编　100029）
承 印 者：中国电影出版社印刷厂

开　　本：787mm×1092mm　1/16　　印　张：11.25　　字　数：110 千字
版　　次：2018 年 2 月第 1 版　　　　印　次：2018 年 2 月第 1 次印刷
京权图字：01-2018-0173　　　　　　　广告经营许可证：京朝工商广字第 8087 号
书　　号：ISBN 978-7-5086-8316-4
定　　价：49.00 元

版权所有·侵权必究
如有印刷、装订问题，本公司负责调换。
服务热线：400-600-8099
投稿邮箱：author@citicpub.com

| 序　言

金融科技与人文关怀

姚　前

技术演化史是一部人类自我解放的历史。工业革命打破了马尔萨斯（Malthus）的人口定律，避免了"人口增长、引起资源危机、爆发战争或瘟疫、人口减少、缓解资源紧张、人口增长"的恶性循环，真正实现了人口与财富的同步增长，并推动了人类社会结构、制度和文化的深刻变革，大幅提升了人类福利。这是技术进步带来的人类解放。机器的发明和运用，一开始就带着人文关怀的基因。

然而，伴随着技术进步，人类对机器的情感越来越复杂。从查理·卓别林（Charlie Chaplin）主演的电影《摩登时代》（*Modern Times*）对机器操控产业工人的讽刺，马克思的著作《1844年经济学哲学手稿》（*Economics Philosophy Manuscript in 1844*）对机器工业化时代人类"异化"的警示，到今日人工智能阿尔法狗（AlphaGo）战胜人类围棋冠军带来的冲击，人类的心情从来没有像今天这样既兴奋，又紧张，甚至有些迷茫。人工智能的发展趋

被人工智能操控的金融业

势就是用机器替代人工,比如富士康这种OEM(定点生产)代工企业,用机器替代人工的趋势日益明显。沙特开全球先例,将公民权授予一位人工智能机器人索菲亚(Sophia),未来人与机器人的关系,机器人的身份与伦理问题让人类陷入了迷思。对于个人而言,面对机器可能的全方位替代,失落感与恐惧感油然而生,不禁开始思考,无论是体力,还是智力,个人的自我价值在哪儿?如何实现?

这种复杂情绪已蔓延到金融领域!

当前,在金融领域应用人工智能蔚然成风。如果说人工智能将完全替代金融从业者有些危言耸听,那么人工智能对金融业传统人力资源的解构,却是正在发生的事,主要表现在以下两个方面:

一方面,一些基层的、重复性的金融工作正在逐渐被人工智能替代,美国华尔街金融机构的台前幕后正加速自动化,机器人交易员、智能投顾大显身手。2017年年初,高盛集团(Goldman Sachs)高管就曾表示,在过去十多年内,高盛集团纽约总部有600个交易员岗位被200个电脑工程师替代,人工智能交易已逐渐在高盛集团的市场交易中占据主导地位。全球规模最大的资产管理公司之一黑岩集团也在2017年3月宣布,解雇包括多名投资组合经理在内的40多名员工,他们的大部分工作将由人工智能替代。

另一方面,人机交互的新型工作模式对综合型与学习型金融人才的需求越来越强烈。金融科技是金融与技术的结合,具有专业性、复杂性和跨界性特征。理想的金融科技人才应既懂金融又懂技术，只懂其一，犹如"跛足"。基于信息技术迭代的摩尔定律，金融科技的知识半衰期将大大缩短，主动学习、不断思变、求知创新无疑是金融科技人才应有的品质。

如何在上述解构过程中实现人工智能技术应用与金融人力资源协调发展，避免人机"对立"，使金融科技不因技术创新的深度而失去本应该有的人文高度，成为当下重要的金融科技议题。

读读古代哲人的书，也许会对我们有启发。《庄子·外篇·山木第二十》建议"物物而不物于物"，《荀子·修身》则指出"君子役物，小人役于物"。是的，人类理应有这样的自信，驾驭外物，而不为外物所驱使！

应看到，人工智能只是"解放人力"而非"裁撤人力"。政府层面应有意识地引导开展与人工智能、区块链技术、大数据分析、云计算等金融科技相关的职业技能培训，注重解决因金融科技发展而带来的结构性失业问题。金融机构层面应加大资源投入，为金融科技人才提供自由发展的空间，着力培育金融科技复合型人才，重视文化建设，做好技术、人才和文化的深度融合。个人层面应积极求变，通过自我学习升级和更新知识结构，不断提高金融科技专业水平和创新能力，以适应环境变化。

除了不应造成大规模失业之外，金融科技的人文关怀还应体现在提升金融服务质量上。目前，金融科技虽然已超越了以往金融服务"配合者"和"支持者"的角色，演变成金融服务创新的"引领者"，但不能一味追求技术的先进性和前沿性，而忽视服务的普惠性和友好性。我们不仅要防止金融科技发展给弱势或后知群体带来"数字鸿沟"，更要警惕和打击利用这种优势作恶、谋取私利的不法行为。

当前，我国金融科技市场广阔，是全球金融科技投资者最关注的市场之一，前景可期。我深信，在合理的引导下，我国金融机构通过将金融科技与传统金融业务融合，必将创造新的模式，顺利完成智能化转型，在金融科技原创设计、管理水平、用户体验等诸多方面成为世界领跑者。

希望这本书的出版，可以对人工智能时代的金融机构转型有所助益，拓展我国金融科技创新的广度和深度。

是为序。

| 前　言

　　人工智能技术近年来取得了飞跃发展，其发展可以称为技术创新，极大地推动了社会及商业活动的进步。如今人工智能的技术进步，从速度及方向两方面来讲，与我们 10 年前所想象的完全不同。10 年前的人工智能，只是人们凭借自己的知识和经验而进行的程序化，人们认为人工智能今后也会沿着该方向发展。

　　但是，近几年急速发展的人工智能技术实现了由机器自身学习。当然，目前人类程序设计员的作用依然很大，不过人工智能技术对人类的依赖程度开始急速下降。由谷歌（Google）子公司开发的人工智能程序阿尔法狗在人机大战中击败职业围棋高手，就是象征这一技术进步的典型实例。

　　人工智能技术进步最先冲击的是金融行业。金融市场是历史上最早的人工智能实验场，这一点并不为太多人所知。金融市场的信息便于电脑操作，操作得好的话能获利颇丰，这是试练人工智能的最佳场所。

　　实际上，随着人工智能技术的不断发展，金融市场中的机器人交易员变得越来越重要。我们在线进行外汇或股票交易时，在

被人工智能操控的金融业

交易对方的背后，隐藏着瞬间就能看到收益机会并迅速执行买卖操作的机器人交易员。这就是当今的现状。

即使在冲击世界金融市场的对冲基金行业，凭借经验和直觉判断的超凡投资家时代也正在宣告结束。熟练使用人工智能技术的基金公司逐渐占据优势，几家实力强大的对冲基金公司正以其他行业想象不到的报酬从IBM（国际商业机器公司）、谷歌、苹果（Apple）等公司挖走人工智能的顶尖技术人员。

对冲基金公司挖走人工智能技术人员的动向越来越明显，这是因为对冲基金公司知晓最新的人工智能技术具有10年前所无法比拟的威力。世界顶级的人工智能研究者几乎都是在幕后活动，除非他们服务于世界知名的企业，否则很少被报道。在不远的将来，将由他们发挥出对冲基金超强的交易力。

不仅是在市场交易领域，活用最新的人工智能技术这一想法在金融行业的其他领域也越来越普遍。其中，有的技术将会大大改变金融行业的现状。例如，原来由人类完成的提出资产运作建议或评估信用风险等工作已被机器替代，并且人工智能技术通过大数据分析可以极其周密地推断客户的行为模式，这些改变已波及金融行业的其他工作。

那么，日本的金融行业又是怎样的呢？令人遗憾的是，人工智能技术在日本的应用相当滞后，原因各种各样，如保驾护航体制形成的企业文化，以及缺乏数字性感觉、重视经验和直觉等日本人的特性等。尤其是迄今为止，日本金融行业依然缺乏采用人工智能等数字性手段构建市场交易或商业活动的理念和感觉。

观察近期对冲基金公司或拥有先进技术的企业的动向，部分海外企业或基金公司有可能独占破坏性技术。技术独占对人类来说是很严峻的问题。

为了让更多的人了解当前金融行业的状况，我基于多年来与金融市场相关的经验与知识，展现尚未见诸媒体、隐藏于金融与技术背后的舞台，并且希望与大家共同探讨当前金融行业不断出现的问题，以此为契机，旨在构建一个崭新的日本金融面貌。

目 录

第1章 **金融与技术的台前幕后** 1

金融科技的光与影 3

美国、英国开创的金融科技热潮 4

从根本上改变金融面貌的商业模式登场 5

迅猛进步的人工智能 7

谷歌子公司的最新人工智能击败围棋高手 9

不知道为什么其成效这么好 11

忙碌于幕后的顶级人工智能技术人员 12

传说中的对冲基金公司 14

金融市场中的机器人交易员 15

金融机器人化落后的日本 16

金融机器人化会发展到什么程度 17

第2章 **机器人交易员充斥金融市场** 19

闪电崩盘 21

什么是算法交易 23

"罪犯"是超高速机器人交易员 24

《快闪小子》中描绘的抢市 26

超高速机器人交易员的交易策略 28

成为造市商是超高速机器人交易员的主要策略　29
以令人难以置信的胜率为豪的超高速交易公司　31
外汇市场也充斥着超高速机器人交易员　32
算法交易的老牌公司　34
知名对冲基金公司正式参与造市商业务　35
雷曼冲击改变金融业　37
金融机构不再是市场主角　38

第3章　目前，对冲基金公司正在考虑什么　41

贪婪追求盈利的对冲基金公司　43
对冲基金公司的投资策略　44
LTCM 的尝试与失败　45
不依赖人类经验和直觉的量化基金之兴盛　47
蒙着神秘面纱的传说中的对冲基金公司——
　文艺复兴基金公司　50
数学、物理、计算机专家解析市场模型　51
世界对冲基金大鳄桥水公司　53
桥水公司独特的文化　55
从 IBM 挖走"沃森"开发者　56
运用大数据和人工智能快速成长的 Two Sigma 基金　58
尝试运用人工智能进行长期资产管理的基金　59
成效差异悬殊的技术独占所带来的风险　61

目 录

第4章 资产管理中人类无法战胜机器人　63

智能投顾时代悄然来临　65

日本与美国的个人资产管理差异　66

智能投顾决定资产分配　68

Betterment 公司的商业模式　69

资产组合模型的结构　71

陆续进军智能投顾业务的投资界大鳄　72

人工智能的活用成为竞争的关键　74

被称作"聪明贝塔策略"的自动管理盛行　75

寻求大数据带来的追加性溢价　77

人类资产管理者及投资顾问还能发挥的作用　78

证券公司的存在受到威胁　79

第5章 改变世界的人工智能的进化　81

破译德军"恩尼格码"的"传奇"　83

判断机器思考能力的图灵测试　85

自达特茅斯会议后兴起的人工智能热潮　87

金融业内专家系统的运用　89

在股票交易和资产管理领域尝试使用人工智能　91

开始发挥威力并被重新审视的贝叶斯定理　93

机器学习——自行学习的人工智能　95

将棋软件引进机器学习后　98

大数据和统计性机器学习的威力　100

深度学习——差异悬殊的学习　102

DeepMind 公司的深度强化学习　103

实力与业余高段者持平的围棋软件　106

阿尔法狗的冲击　107

人工智能将在金融市场发挥巨大威力　109

比特币背后的区块链技术　111

第6章　被机器人抢走的金融工作　113

被机器人化的工作　115

近半数职业将会被机器人夺走的可能性大于90%　116

金融业中多数非单纯性劳动都是机器人化的对象　118

行情分析和信用风险评估基本上都采用数字

　　模型分析　120

大数据时代可进行个人行为模式分析　122

零售金融的大数据分析竞争开始　123

美国、英国的银行正式开始削减分支机构数量　124

被机器人化风险较高的保险和证券营销工作　125

留给人类的工作是什么　126

国际清算银行已关注大数据的洞察力　128

第7章　要么适应，要么准备被替代　131

日本的金融科技大多停留在提供便捷功能上　133

对幕后世界所知甚少的日本　134

保驾护航体制时代形成的官僚性企业文化　135

对外部环境变化感觉迟钝的纵向型组织　137

重视经验与直觉的交易模式　138

　　只追求眼前手续费的证券公司　139

　　被制度保护至今的人寿保险公司　140

　　20世纪末设立的网络银行、网络证券公司的烦恼　142

　　数字性作战中极其落后的日本金融业　143

　　对人形机器人恋恋不舍，对非人形机器人却漠不
　　　关心　145

　　缺乏数字性感觉的日本金融高层　146

第8章　**人工智能与未来金融**　149

　　有必要修正对人工智能的认识　151

　　现在不擅长的事不一定永远不擅长　152

　　经济与金融理论教科书被大幅改写的可能性　152

　　智能交易只是时间问题　154

　　破坏性技术独占风险令人担忧　156

　　未来的金融业有两个剧本　157

　　金融业终将迎来被颠覆的一天　158

　　日本肩负的职责　160

后　记　162

第1章

金融与技术的台前幕后

金融科技的光与影

正在全球蔓延的金融科技（FinTech）热潮也已登陆日本，并且似乎早就在日本兜转了一圈。正如大家所知，金融科技这一词语是源于金融与技术的新词。人们究竟对金融与技术的关系抱有怎样的印象？在日本，金融科技企业的工作中心是以云账、云会计、网络等方式向个人提供投资信息服务，书店里也摆满了金融科技企业创新与管理的书籍。不单单是风投企业，就连三菱东京UFJ银行等三大银行最近也盛行使用金融科技一词，宣告着手提升自身的科技服务水平。这样就给人留下了日本的金融科技主要是通过网络等向个人或中小企业提供便捷性服务的深刻印象。

但是这样一来，令人感觉金融科技只不过是早年曾掀起一段热潮的网络银行、网上证券或手机钱包服务的延续。甚至可以这么说，2000年前后成立的网络银行才真正对金融业务构成挑战。既然金融科技有这样一段发展历程，那为什么现如今它才掀起全世界范围的热潮呢？

实际上，金融科技并不是仅具有提供便捷性服务的功能。在

被人工智能操控的金融业

日本以外，金融科技已开始蚕食金融业的主营业务，而且金融与技术的关系已出现尚未见诸报端的其他大的趋势，银行和证券公司的高度机器人化①正在迅猛发展。

日本的金融机器人化除了部分领域，整体上还相当落后，这是现实。这并不是说日本技术落后的意思，就像手机钱包，日本开发出了适合大众使用、具有便捷功能且领先于世界的技术，日本有形机器人的技术也相当发达。日本的金融机器人化落后指的是金融机器人系统性地在金融或市场运营方面的应用。落伍的日本再继续处于孤立环境的话，未来发展也许会愈加艰难，至少在金融等事实上无国境存在的市场，日本应与国际动向接轨。

美国、英国开创的金融科技热潮

金融科技热潮始于2010年美国一家风投公司的"支持在金融服务领域开发活用先进技术产品的年轻企业或正处于成长期的企业"计划。当时的美国尚处于雷曼兄弟公司（Lehman Brothers）倒闭冲击后的混乱状态——金融机构毫无生机，社会上不仅充满责难之声，新的法规也不断出台，生意越来越难做。在这种形势下，风投公司将目光瞄准了新的商机——金融科技企业。

2012年奥巴马（Obama）总统在《乔布斯法案》（JOBS

---

① 高度机器人化也称为智能化。——译者注

ACT）上签字。《乔布斯法案》是与证券交易相关的几项修订法案之一，目的是使包括风投公司在内的中小企业可以更容易地利用网络从资本市场筹措资金。

英国也同样对金融科技给予政策支持。以世界上最大的国际金融中心伦敦为首都的英国，在雷曼兄弟公司倒闭后采用更为严厉的金融法规，其金融中心的地位开始动摇。英国政府为了改变这种状况，从2014年起大力推动金融科技的发展。

美、英政府对金融科技的支持效果马上显现，2014年美国对金融科技企业的投资额激增（见图1.1），而且风投公司对金融科技企业的支持范围扩大至亚洲。最近日本也开始使用金融科技一词就是源于上述情况。

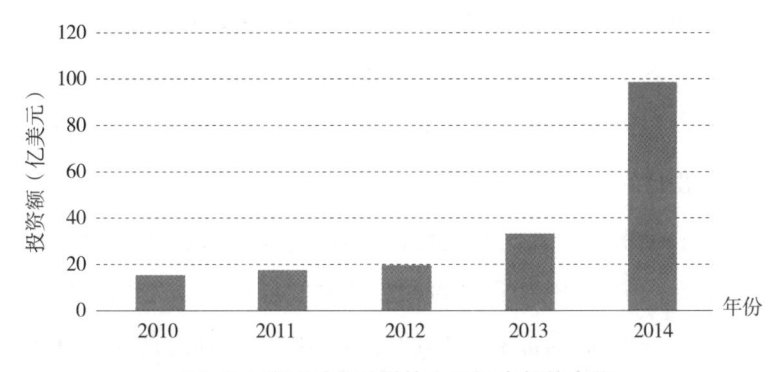

图1.1 美国对金融科技企业投资额的变化

从根本上改变金融面貌的商业模式登场

欧美的金融科技企业远远比日本的金融科技企业种类丰富，

其商业模式和利用的科技多种多样。日本也有很多类似于欧美的金融科技企业，它们提供便捷的手机结算服务或金融信息。同时，美国也出现了日本难以简单模仿，可从根本上改变金融面貌的商业模式，如P2P（个人对个人）借贷平台Lending Club和校园网贷平台SoFi的商业模式。Lending Club确立了个人投资者向其他个人或中小企业贷出小额资金的划时代资金借贷模式，这种模式在美国快速发展。在Lending Club，个人投资者可以通过网络查询借方信息，选择中意的借方直接进行小额投资。

Lending Club通过信用评级来判断借方信用。信用评级的方法是对借方信用卡的历史支付情况进行打分，如果有未按期还款记录，则评定等级降低。在美国，个人投融资时广泛借助信用评级，住房贷款利率等基本上也由信用评级决定。Lending Club根据借方的信用评级决定其利率范畴，而贷方根据借方的信用评级、借款目的等判断风险，决定是否进行投资。

金融业务不仅仅是贷出资金，当投资发生问题时，回收资金也很重要，在美国有专门从事回收贷款利息和本金工作的业务人员。Lending Club内部有这样的业务小组，一旦出现紧急状况，该小组人员会立刻出动回收资金。像Lending Club这样，由个人向个人直接融资也许可以称作"直接金融"。

这对从事"间接金融"的银行等金融机构，或原有的那种介绍直接金融业务从中收取手续费的证券公司来说，是有可能抢夺其主营业务的商业模式。Lending Club令人感觉到从根本上改变金融运营模式成为可能，我们已经可以看到网络平台的运营企业蚕食原本属于银行业务的迹象。

虽然 Lending Club 是美国一家具有代表性的金融科技企业，但从其金融科技水平方面来说，程度并不太高，主要是以20世纪末 IT（信息技术）热以来的网络技术为中心。此状况不仅限于 Lending Club，众多金融科技企业都是如此。只要能够向客户提供便捷的服务，所利用的技术不一定是最先进的。

人工智能等技术被正式利用，对现有的金融机构会产生破坏性作用，这种状况将会在之后出现。

迅猛进步的人工智能

对金融科技企业的说明暂且放一放，接下来说明有可能从根本上改变金融面貌的科技。近年来，人工智能受到极大关注。为了讲解最近的人工智能发展到何种程度，在此我想借用国际象棋和日本将棋软件进行说明。

计算机击败国际象棋世界冠军相当早，是 1997 年。IBM 的超级计算机深蓝（Deep Blue）打败了当时的国际象棋世界冠军——出生于阿塞拜疆的卡斯帕罗夫。国际象棋的盘面只有 $8 \times 8 = 64$ 格，而且不可以使用赢回来的棋子。因此，计算机能一步不落地进行研究和计算，找到击败对手的最佳步骤。采用一步不落方法的人工智能研究被称作搜索树。实际上，直至分出胜负为止，国际象棋所有的步骤棋局模型数（搜索树的树枝数）是 10 的 120 次方。这么写也许难以理解，如果是 1 兆的话，后面的 0 有 12 个就是 10 的 12 次方，国际象棋的棋局模型数量就是1兆的10次方。20世纪90年代最高水平的计算机可以分析这种数量的棋局模型。

接着国际象棋，我们再来谈谈日本将棋。将棋的盘面有9×9＝81格，与国际象棋相差不多，但是根据规则可以使用赢来的棋子。实际上，将棋的棋局变化远远超过了国际象棋，它的棋局模型数达到了10的220次方。这么说，你也许感觉不明显，但换言之，将棋比国际象棋的棋局模型数多1兆9次方倍，这样就能理解国际象棋与将棋之间超乎想象的差异。

计算机世界有个著名的摩尔定律，计算机CPU（中央处理器）的运算能力每隔18个月就是原来的2倍。按这种节奏发展的话，36个月后运算能力是原来的4倍，72个月后运算能力是原来的8倍，15年后也就是180个月后就能进行2的10次方即1 024倍的计算。也就是说，如果计算机硬件的性能像摩尔定律那样提高的话，从1998年起15年后到2013年时，计算机将可以在复杂程度达国际象棋棋局模型数1 024倍的游戏中，以同样的软件取胜。但是，国际象棋和将棋棋局模型数的差异有近1兆9次方之多，所以完全不同。

实际上，将棋软件采用战胜每种棋局模型这种一步不落的战法有一定的局限。近年来由于计算机处理能力的提高，通过研究将棋棋局步骤，将棋软件的实力的确有所提高，但是远不及业余高手。

将棋软件出现转机始于机器学习这一与搜索树完全不同的人工智能技术的运用。机器学习引入了计算机自身学习的方法，将棋软件采用机器学习，运用了判断局面处于有利还是不利的功能。最早采用这一功能的是叫作Bonanza的计算机软件，Bonanza

能打败具有相当实力的将棋业余高手。认识到机器学习的有效性后，采用机器学习技术的将棋软件相继登场。2012年，软件Bonkras终于在第一届将棋"电王战"中击败了将棋界的重磅人物——"永世棋圣"米长邦雄。次年起将棋"电王战"的形式变为由现役专业棋手5人与5种将棋软件对决。2013年将棋"电王战"的对垒中将棋软件不仅首次战胜现役专业棋手，并且以3胜1负1平的战绩大胜。

所以，国际象棋软件向将棋软件的跨栏，仅靠提高计算机硬件处理能力是远远不够的，必须依靠人工智能技术的飞跃性进步，从中我们也可以看到机器学习这一人工智能技术相当强大。

谷歌子公司的最新人工智能击败围棋高手

尽管计算机能击败将棋专业棋手，但是，大家都认为软件击败围棋专业棋手为时尚早。围棋的盘面有 19×19＝361 格，直至判定胜负为止，所耗神思比将棋显著增加。将棋的棋局模型数前面已做过说明，是10的220次方，围棋的棋局模型数则是10的360次方。也就是说，将棋与围棋的棋局模型数相差10的140次方。如此一来，击败国际象棋冠军的一步不落逐一排除战术根本不起作用。就在7年前，围棋软件仅具有业余低段者的实力，离专业棋手的水平还相当远。

围棋的棋局模型数过于庞大，很难机械地判断局面好坏。近年来，通过在搜索树中采用蒙特卡洛统计模拟方法，围棋软件取得了很大进步。尽管这样，就在不久前，还曾有人说过围棋软件要击败专业棋手必须要花 10 年左右的时间。

但是，2016 年 1 月，人工智能行业突然传来一条大新闻——位于英国的谷歌子公司 DeepMind 开发的阿尔法狗这一人工智能程序打败了欧洲围棋冠军。阿尔法狗同年 3 月又与韩国顶级专业选手李世石（九段）大战 5 局，赢了 4 局。日本媒体对此也做了大篇幅报道。谷歌于 2014 年向小型公司 DeepMind 注入估算为 4 亿美元的资金，收购了该公司。该公司转眼间完成了大家都认为需花 10 年才能完成的挑战。那么，DeepMind 公司是怎样创造出奇迹的呢？

其秘密是两项技术的强强组合，这两项技术就是近年来成为热门话题的人工智能技术深度学习和 DeepMind 公司自行开发的深度强化学习。深度学习是 20 世纪出现的神经式网络机器学习的发展延续。近年，深度学习由伦敦大学的杰弗里·辛顿（Geoffrey Hinton）教授开发了划时代的使用方法。在 2012 年举办的计算机识别物体图像的国际大赛中，辛顿教授的计算机展现了令人惊异的精度，大大地震撼了相关领域的研究者。此后，深度学习研究竞相展开，在多个领域打破了原有的人工智能常识，展现其压倒性成效。

谷歌子公司 DeepMind 的人工智能技术在这种尝试中也极负盛名，其实力在围棋这一超高难度的游戏中早已得到证实，而且辛顿教授目前与谷歌公司进行共同研究。

阿尔法狗的另一个技术支柱就是深度强化学习。这是 DeepMind 公司自己大力开发的技术，是指将深度学习与强化学习这种特殊的机器学习技术结合在一起。在阿尔法狗战胜欧洲围棋冠军的一年前，深度强化学习演示的手法是人类什么都不教，机器经几小时自我学习各种游戏攻略方法后变强，这给部分相关者带来了冲击。阿尔法狗在固有的围棋软件技术基础上结合了这两项新技术，由此发挥出强大功能。

不知道为什么其成效这么好

接下来继续说明一下深度学习。对在将棋软件中发挥出威力的机器学习，实际上有过各种各样的探讨，其中之一就指出它的结构是模仿人类脑神经作用的神经式网络。神经式网络在20世纪80年代受到极大关注，但是并没取得人们所期待的成果，因此，人们对其的关注度逐渐降低。

神经式网络是一种结构，即建立中间层模仿脑神经作用。多层次神经式网络的构思出现于20世纪80年代，虽然日本的研究者也取得过重要成绩，但辛顿教授所进行的研究取得了重大突破。关于这一点，东京大学的松尾丰先生在《人工智能狂潮——机器人会超越人类吗》（角川书店）一书中做了简要说明。

根据松尾先生的说明，深度学习获得重大突破采用的技术是"反复多次促进学习"，机器学习中有个重要的变量叫作特征量，深度学习就是反复多次促进机器学习此特征量。传统的机器学习中，特征量是由人类设定；而在深度学习中，特征量是由机器自己深入学习。从这个意义上讲，也许可以说，深度学习具有与人工智能一词相符合的功能。

深度学习虽然常常能够发挥巨大威力，但不一定谁都能取得了不起的成果。事实上，虽说是深度学习，但由于概率、统计、数值解析等研究手法的选择不同，或由于具体使用方法的千差万别，常常会出现深度学习无法推进的情况。而且，深度学习无法展开的理论性研究好像依然落后，模仿人类脑功能的神经式网络学习结果都是以庞大数量的数值（数据阵）方式显现出来，即使看到这些数值，深度学习具体进行了怎样的学习我们依然不明白。

也就是说，显示出显著成效的深度学习处于"不知道为什么其成效这么好"的阶段，也许可以说机器学习步入了人类难以理解的领域。

忙碌于幕后的顶级人工智能技术人员

近年的人工智能研究取得了令人惊异的成果，全球企业价值总额最大的谷歌公司以其他公司无法比拟的信息分析能力成为代表性企业。但是，人工智能领域的顶级技术人员究竟在哪里工作？近年闻名世界的企业纷纷成立或投资与人工智能相关的公司或研究所，包括谷歌、IBM、脸书（Facebook）、百度、丰田汽车等。其中谷歌汽车自动驾驶人工智能技术走在了世界前沿，美国交通运输部在 2016 年 2 月表示要将其认定为"驾驶员"。当然，我们认为自动驾驶汽车要上路行驶还存在基础设施、安全、法律法规等诸多障碍。我们要建设与汽车自动驾驶或医疗诊断机器人等人工智能共存的社会，应具备必要的条件，那就是行业及管理机构或国家应跨越屏障携手合作，制定规则，甚至包括某种程度的技术共享。

在对冲基金行业，人工智能研究似乎与世隔绝。从全世界资金充裕的人手中募集投资资金的对冲基金行业，假如有近5 000家公司，规模较大的对冲基金公司管理数十兆日元的资产，那么一年间就能有数亿兆日元或更多的回报。该利润超过了拥有数十万员工的世界级大企业。但对冲基金公司一般仅有10余人，最多有1 000人左右负责其运作。

站在对冲基金行业最顶端的桥水公司（Bridgewater）的创始人雷伊·达里奥（Ray Dalio）被称为是没上富豪榜的"世界第一隐形富豪"。

桥水公司在2012年挖走了IBM的"沃森（Watson）"人工智能开发小组的领军人物大卫·费鲁奇（David Ferrucci）。关于IBM的"沃森"，最近日本报道也很多，读者可能知道。"沃森"在美国智力竞猜节目中以压倒性优势击败了两位热门选手，取得了令人震惊的成绩。据IBM介绍，"沃森"虽然是计算机，但与人类一样能根据信息、经验学习。"沃森"能理解英语提问的意思，从数据积累的信息中导出最佳答案。

开发出世界最高端人工智能"沃森"的费鲁奇，传说被"世界第一隐形富豪"达里奥挖走，自此人工智能技术被运用至金融中。我们不知道费鲁奇以何种条件被挖走，但肯定是大多数人难以想象的优厚待遇。达里奥说要使用人工智能解析经济现象的因果关系，使其发挥GPS（全球定位系统）般的投资决策导向作用，但具体研究方法不会公开发表。对冲基金公司运用人工智能技术被蒙上了一层神秘的面纱。对冲基金公司的成效或大致运作方法以外的信息为竞争对手所知并无任何益处，因为这是被内行人识破后就无法生存的行业。

传说中的对冲基金公司

在对冲基金行业中，除了桥水公司外，还有几家公司也不依赖人类的直觉或经验等，而是运用人工智能。其中具有代表性的一家是以行业最高业绩为豪并蒙上神秘面纱的文艺复兴基金公司。"文艺复兴"是由著名数学家同时也是密码分析专家的詹姆斯·西蒙斯（James Simons）于1982年成立的基金，该基金集聚了数学、物理及计算机技术方面的一流研究者，是极其与众不同的基金。虽然文艺复兴基金公司是管理数兆日元资产的巨型对冲基金公司，但其主力基金从20世纪90年代起不接受外部资金，以内部员工资金为中心运营。

文艺复兴基金公司还有一个特征，其资金管理手法被巧妙地蒙上了神秘的面纱。它不接受外部资金，不仅如此，在防止员工离职带来的信息泄露方面也做得很细致，不使其赚钱的秘密外泄。

虽说如此，有关文艺复兴基金公司投资战略的零碎信息人们还是略有耳闻。根据各种各样的信息，人们发现文艺复兴基金公司的战略是分析到手的所有数据，筛选市场变动模型，预测短期的市场动向等，用计算机计算出胜率高的战略并执行。也就是说，文艺复兴基金公司不是由人类基金经理做出决策，而是按计算机算法进行交易。文艺复兴基金公司所录用的人才不是交易员或经济学家，而是能构建计算机算法的超一流研究者，由计算机算法来筛选市场变动模式，并依此执行交易。文艺复兴基金公司近年的业务焦点是采用深度学习等人工智能技术，据说它拥有人工智能领域超一流的人才。像这样在封闭世界中独自推进人工智能研究开发的企业的确存在于金融界。

金融市场中的机器人交易员

前文提到了两家超级对冲基金公司——桥水公司和文艺复兴基金公司。近年，其他几家擅长数字式资金管理的对冲基金公司也加快了从 IBM、谷歌等公司挖走世界顶级人工智能研究者的步伐。

这意味着金融界的最高技术并非存在于常常见诸报端的金融科技这一舞台，更多的是存在于被蒙上神秘面纱的幕后。

事实上，目前的金融市场已经是机器人泛滥。有关这些机器人，并没有什么具体的报道。不仅是股票市场，外汇市场和原油期货交易市场也是机器人横行。市场上的机器人操控者各式各样，或许是对冲基金公司，或许是华尔街的投资银行，或许是小型风投企业。

2010 年 5 月 6 日，突然袭击美国股票市场的闪电崩盘事件使世人皆知市场已被机器人操控。此次闪电崩盘在短短的 30 分钟时间内，股票价格急速下跌，然后又急速回升。关于闪电崩盘事件，下一章将做详细说明。

这一事件的主角是超高速机器人交易员。金融市场的机器人交易员各式各样，超高速机器人交易员以令人难以置信的速度为武器，执行各种各样的交易战略。

迈克尔·刘易斯（Michael Lewis）在2014年出版的《快闪小子》（*Flash Boys*）一书中提到了闪电崩盘事件。想必很多读者都读过该书，书中描绘的超高速机器人交易员的交易战略就是抢市。抢市这种手法是利用客户发出订单后但尚未抵达各地证券交易所前的短暂时间差，进行低买高卖。

其实在2010年之前，美国股票市场六七成的交易都由这种超高速机器人交易员执行。为什么会出现这种现象，下章将做说明。目前日本、欧洲市场上，这种超高速机器人也在急速增加。

金融机器人化落后的日本

到现在为止，我们通过金融科技和对冲基金公司的活动，简单地说明了金融业或金融市场的面貌正在发生根本性变化。那么，日本的现状又如何呢？

不知该称为幸还是不幸，日本除了人形机器人，金融机器人化或适合金融机器人的环境建设还很落后。例如，市场上日本制造的优秀金融机器人几乎不存在。东京证券交易所于2010年从国外引进了Arrowhead平台，该平台可由超高速机器人交易员进行交易。现如今,东京证券交易所机器人遍布,但是,这些机器人几乎都来自美国等国家。而且,日本在金融业的系统运营方面已落伍,例如,意味着银行可能不再被需要的网贷平台的商业模式很难进入日本。

为什么这么说,因为日本不存在类似于美国信用评级那种可靠的个人信用风险管理系统。而且,除现有金融机构以外,其他机构缺乏回收贷款的能力。美国从 20 世纪 70 年代起,通过证券化的商业活动,建立了有关贷款买卖和管理的体系和法规制度。美国和英国将大数据用于个人或企业信用风险分析的时代即将来临。

日本在制造业中积极地推动机器人化,引进人形机器人,但在金融业改革方面,金融机器人化却很落后,我长期从业于日本大型金融机构,对此深有体会。日本在第二次世界大战后很长一段时间在金融业中实行保驾护航体制,这种体制导致企业不想进行改革创新,只喜欢在原有框架中竞争。

世界金融业的机器人化不会原地等待在该领域如此落后的日本。这是因为,金融市场几乎没有国界,股票或外汇市场不能无视外国产的机器人。在信用风险分析等业务中,外国产的机器人要进入日本虽然多少有些障碍,但终究只是时间问题。

金融机器人化会发展到什么程度

经过近年的技术竞争,世界金融机构的前景将会怎样?坦率

被人工智能操控的金融业

地说，我没有这种预见能力，只是想在后文深入挖掘金融与机器人之间的关系，与读者共同探讨此问题。

在此，我们先叙述重要信息。牛津大学的副教授迈克尔·奥斯本（Michael Osborne）与同事卡尔·弗雷（Carl Frey）于2013年发表的论文《职业的未来》（*The Future of Employment*）中，对将来会被机器人替代的职业做了精确预测。

该论文充满先见之明，其中有很大可能性被机器人替代的职业列表至今仍被经常引用。其中金融所处的位置极其明确，不会被替代的前50种职业中没有一种与金融相关。相反，被替代概率较高的前50种职业中，与金融相关的工作列出了近10种。奥斯本预测将会被机器人替代的工作包括保险营销、保险金理赔、证券中介、银行前台、信用分析、信用审批和确认等。顺便提一下，奥斯本在做出该预测时，可能尚未考虑到深度学习等最新人工智能技术的发展。如果把深度学习也考虑进去的话，可实现机器人化的工作也许会更多。

毫无疑问，今后机器人化将会更加发达，由此产生的问题是能给人类保留什么样的工作？并且，能否产生新的必须由人类从事的工作？

超级对冲基金公司强大的机器人交易员会怎样改变金融市场的面貌，我们难以想象。但是有一点可以肯定，在大量的交易过程中将会出现具备远超现在的、更为先进的人工智能的超高速机器人交易员。因此，人类交易员的整体业绩下跌这点将不可避免。随着时间的推移，这一天离我们已经越来越近。

第2章

机器人交易员充斥金融市场

闪电崩盘

2010年5月6日下午2：32，美国股票交易市场突然暴跌。在交易量急剧扩大的同时，股价下跌速度越来越快，跌幅令人难以置信。尤其是从下午2：41起短短4分钟时间内道琼斯平均指数下跌了6%，收盘价与前一天相比，跌幅达到10%左右。而更令人震惊的是此后20分钟时间内股价又急剧回升，3点过后，几乎回到了暴跌前的水平。也就是说，股价在短短30分钟时间内以令人难以置信的速度完成了下跌和回升。这一天道琼斯平均指数的下跌幅度超出998.5美元（见图2.1），这是雷曼兄弟公司倒闭后的混乱期都未有过的史上最大跌幅。

个别公司股价大涨大跌引起的恐慌尤甚。因洗涤剂等日用品闻名全球的消费品生产商宝洁公司（P&G）的股价下跌幅度一时间达到近40%。根据计算，这次崩盘事件中仅宝洁公司一家市价总额就损失了约5兆日元。大量持有宝洁公司股票的投资者脑子一片空白，束手无策。

究竟发生了什么？当时，在欧洲，人们普遍在担忧希腊的财政问题。有声音说，是不是因为希腊拖欠债务引起的？能想到的

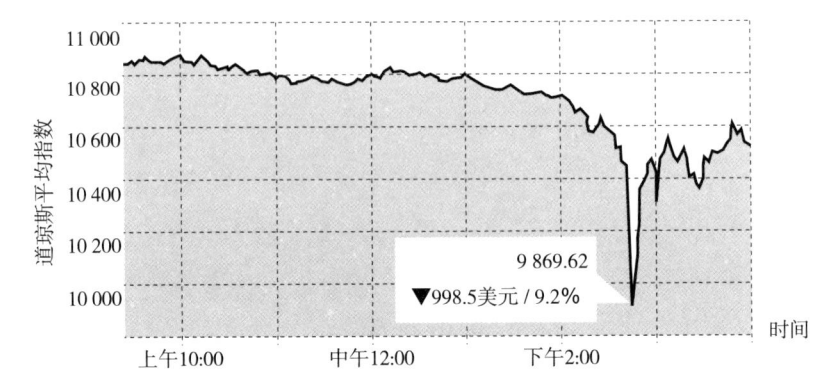

```
                                          11 000 ┤
                                          10 800 ┤
                                  道琼斯平均指数  10 600 ┤
                                          10 400 ┤
                                          10 200 ┤       9 869.62
                                          10 000 ┤   ▼998.5美元 / 9.2%
                                                 └────────┬────────┬────────┬─────── 时间
                                                     上午10:00  中午12:00  下午2:00
```

图 2.1　闪电崩盘时道琼斯平均指数的变动

理由也只有与希腊相关的传言，所以交易者们拼命寻找能解释眼前发生之事的原因。但是，任何地方都找不到与希腊问题相关的最新重大新闻，交易者们只能嘀咕着"简直不可思议"。

　　简单说明一下这一天的数据变动是如何不寻常。进入 21 世纪后，日经平均指数一天内变动率的最高纪录出现在 2008 年 10 月 26 日，即 2008 年 9 月雷曼兄弟公司倒闭后。那天全球股价出现暴跌，跌幅达 11.45%。雷曼兄弟公司倒闭引发的股价暴跌，我至今记得很清晰，真的只能用"恐慌"二字来描述。2010 年 5 月 6 日这天的异常是，短短 30 分钟内出现了与上述跌幅规模类似的股价暴跌和急速回升事件。其间，离席的投资者也许没有注意到发生了这种异常情况，甚至紧盯盘面的大多交易员也无法理解眼前所发生的一切，怀疑自己在做梦。

　　这一天，好像闪电一般发生的暴跌马上被命名为"闪电崩盘"。

第2章
机器人交易员充斥金融市场

什么是算法交易

关于闪电崩盘，人们最初的怀疑是有人误下订单。很多人怀疑价格暴跌的宝洁公司股票是不是由谁错误发送了巨额成交订单，但很快这个怀疑就被否定了。研究人员调查宝洁公司股票动向后发现，此次下跌是发生在标普500指数这一美国代表性股价指数期货价格下跌之后，再说闪电崩盘由一家公司股票被误下订单而引起也太具破坏性了。

一些市场交易者窃窃私语地议论着，这次事件与算法交易有关。所谓算法交易，是指以某种形式利用计算机计算法则进行股票或外汇交易。利用计算机计算法则计算出的数据进行交易在20世纪70年代已出现，早期的算法交易被称作计算机程序交易。

读者可能记得1987年被称为"黑色星期一"的美国股价暴跌事件吧，引起股价暴跌的原因是利用了投资组合保险战略。所谓投资组合保险战略，是指当股票贬值时，为了维持资产价值，按期权定价理论的计算量对冲卖出指数期货实施套期保值的战略。当时实际下单出售是由人工操作，但卖出股票的数量由期权定价公式机械性地计算出来，这是算法交易的最初形态，当时的计算机程序只是发出买卖指示，实际执行者还是人类。

近年来，证券交易所或外汇市场的交易几乎完全电子化，计算机执行交易比人类执行交易更为迅速、高效。特别是当交易量很大时，必须很好地分散下单对象及确定时机，这种情况下，算法交易发挥了威力。本书中将这种由人类做出交易决策，计算机向市场下单的算法交易器称作交易执行机器。

近年来，还有一种算法交易，那就是计算机不仅执行交易，同时还能做出交易决策。也就是说，不需要人工参与，计算机就能自动判断并执行交易。本书中将计算机做出交易决策并执行交易的算法交易器称作机器人交易员。

机器人交易员的操作方式各种各样，详细内容将在后文说明，利用机器人交易员的目的是赢利、提高业绩，只要能实现此目的，采用哪种操作方式都可以。

误下订单无法解释的闪电崩盘会不会是这种算法交易以某种形式引发的呢？

"罪犯"是超高速机器人交易员

闪电崩盘事件发生后近 5 个月，即 2010 年 9 月底，美国证券交易监控当局 SEC（证券交易委员会）发表了闪电崩盘的调查报告。SEC 的报告称已查明引发闪电崩盘的主要原因是大型投资机构在纳入标普指数的期货交易市场中抛出了异常的大额订单，此时超高速交易也发挥了极大作用，加速了股价异常暴跌。

超高速交易是怎么回事？一般来说，机器人交易员的行动速度远远超出人类交易员。超高速机器人交易员的速度又远远超出机器人交易员，其速度快得近乎发狂，由这种机器人进行的交易名为超高速交易。本书中将执行超高速交易的机器人称作超高速

第2章
机器人交易员充斥金融市场

机器人交易员。

超高速机器人交易员是21世纪后登场的新型机器人交易员。当然启用超高速机器人交易员的背后,有以压倒性速度为武器在市场上大赚特赚的企图。为了提高速度,运算法则的设计就不用提了,甚至与交易所系统相连接的线路、硬件或软件等都经过了升级改造,技术人员采用各种手段,竭尽所能地实现了常人难以想象的速度。美国股票交易市场中算法交易份额的变化见图2.2。

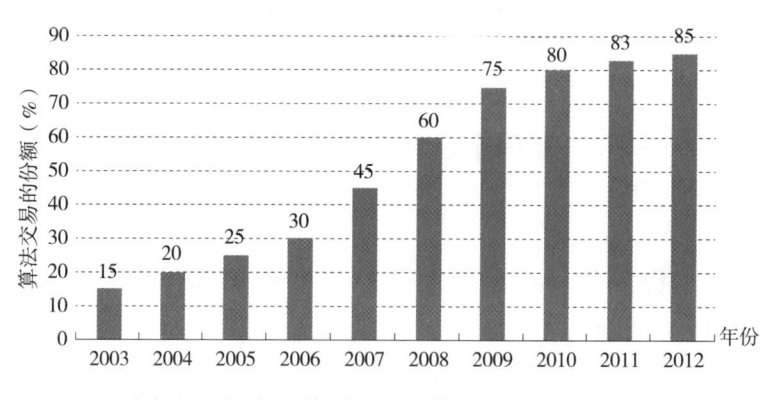

图2.2 美国股票交易市场中算法交易份额的变化

要说超高速机器人交易员的速度究竟快到什么程度,毫秒（1毫秒=千分之1秒）是常用单位,最近更是以数百纳秒（1纳秒=10亿分之1秒）、微秒（1微秒=100万分之1秒）计时。说100万分之1秒你也许找不到感觉,再做个简单的比喻,1天24小时,1小时60分钟,1分钟60秒,1天就是8万6 400秒,100万分之1秒与1秒的差异相当于1秒与11.6天之间的差异。对于在数百纳秒内做出判断并执行交易的超高速机器人交易员来说，其敏捷性与以数秒为单位进行思考的人类相比简直天差地别。

SEC对于闪电崩盘事件的结论是大型投资机构的交易执行机器人执行了巨额订单抛售，该订单的买家超高速机器人交易员瞬间进行超高速交易，从而引发了闪电崩盘。有不同意见认为SEC报告的结论简直荒谬，仅一个订单怎么可能引发股市暴跌？不管怎么说，瞬间的狂涨和暴跌几乎不受人类意志控制，很明显与超高速机器人交易员有着很大的关系。

此次闪电崩盘事件让市场相关者感觉到新时代已经到来。

《快闪小子》中描绘的抢市

人们似乎难以相信，距今仅10多年前的证券交易主要由人工操作。除了成立之初就专门从事电子交易的纳斯达克等特殊证券交易所外，全世界的证券交易所宽阔的大厅一眼望去全被买卖处理经纪人占据，他们通常也被称作场内交易员，手动执行买卖交易。我曾经在我的老同事——一位英国经纪人的引领下参观了20世纪90年代赫赫有名的伦敦国际金融期货交易所。那时的交易所大厅，除了场内交易员外，还有叫作"local"的交易厅交易员，他们自己设立账户积极从事买卖交易。交易厅交易员根据证券行情执行交易，他们对市场行情能够造成极大影响。在那时，交易所大厅是充满人类气息的场所。随着交易所的完全电子化，1999年起东京证券交易所、2007年起纽约证券交易所再也看不到这种光景了。

纽约证券交易所交易大厅消失后仅几年间，全世界的证券交易所都发生了巨大改变。电子交易的速度竞争达到了白热化程度，电子交易基础设施建设的不断进步也对超高速交易起了很大促进作用。2010年发生的闪电崩盘让市场相关者意识到了超高速机器人交易员的存在。事实上，超高速机器人交易员这时在美国市场已占到交易员总量的六成至七成。

2014年发行的迈克尔·刘易斯的畅销书《快闪小子》让大众都知晓了超高速机器人交易员的存在。这本书在同一年被翻译成日文，一时成为热门话题。《快闪小子》一书中描绘的美国股票市场实态震惊了全世界。采用冲击性交易手法，即"抢市"（见图2.3），超高速机器人交易员以一再锤炼的速度，在一般投资者尚未觉察之前，进行低买高卖。

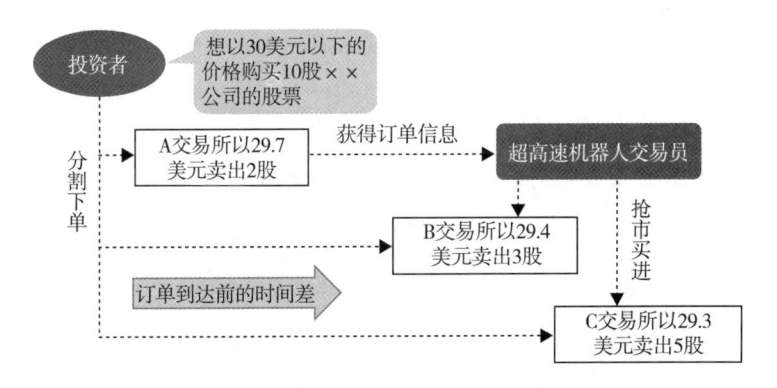

图 2.3 超高速机器人交易员的抢市操作

《快闪小子》中具体描述的抢市是指超高速机器人交易员利用投资者发出订单信息后尚未送达各交易所前这段实际上很短的

时间差进行低买高卖。执行投资者订单的证券交易所有义务从全美交易所中选择最佳条件执行交易（称为"最佳执行义务"）。其结果是，一定量的大额订单有可能被分割，向多家证券交易所下单。抢市的超高速机器人交易员从被分割的订单中，根据最先到达的订单信息，预测稍迟到达其他交易所的订单进行抢市。

就这样，投资者被分割的订单以比下订单时提示的价格稍显不利的价格被执行，实际上是被抽头了。由于超高速机器人交易员从每一单交易中所获的利润太少，如果不是特别细心的投资者也许不会注意到这些差异。超高速机器人交易员通过无数次这样的交易大量赢利。证券交易中有种违法行为叫作提前交易，但超高速机器人交易员以速度抢市并不触及现在的法律。

超高速机器人交易员的交易策略

《快闪小子》中描绘的抢市是套利交易策略的一种。套利交易是指利用市场上短时间发生的某个价差，无风险（或者是几乎无风险）地低买高卖。价差有可能发生在某家公司的股票上，也有可能发生在性质极其相似的其他不同公司股票之间。《快闪小子》中描绘的抢市是利用订单到达不同交易所的时间差所产生的市场价差进行套利交易。这种利用交易订单到达速度差将后到订单作为工具的套利交易叫作交互延迟交易。

现实中，会有除抢市之外的各种各样的套利机会。套利交易的传统模式是利用股票期货交易和现货交易之间的时机差。例如，日经平均股价采用255种现货股票价格计算得出，依据现货股价算出的指数常常与日经平均股价的期货交易价格背离。读者可能记得股票市场行情发生大变动时新闻上会使用"期货主导"一词。股票市场行情开始发生大变动时，多数现货股票交易在瞬间难以执行，因而交易集中到期货上。因为期货主导的行情是由期货先行动作，所以与现货股票之间产生价格背离。产生这种机会时，假如能以超高速在瞬间进行现货股票交易的话，这一瞬间的机会就能提高利润。

同样，期权交易与期货价格之间常常产生套利机会。例如，日经平均指数的期权价格与期货价格是联动的，但是人类交易员或慢速机器人交易员不能于期货价格变动相应瞬间改变期权的提示价格。而在这种状况下，能以最快速度做出判断并执行行动的超高速机器人交易员就可以抓住机会。不过，因为期权交易具有其特有的波动性，要想在期权市场套利成功，必须能很好地预测期权价格的波动率。

除套利交易外，超高速机器人交易员的交易策略多种多样，其主要交易策略如表2.1所示。

成为造市商是超高速机器人交易员的主要策略

抢市因其轰动性成为话题。超高速机器人交易员的主要策略是成为造市商。造市商与市场动向联动，持续进行买卖价格提示并从买卖差价中获利。美国有的交易场所甚至向造市商支付手续费，也有造市商以获取手续费为目的。

表 2.1 超高速机器人交易员的主要交易策略

进行套利交易	套利交易是指利用市场上短时出现的某个行情背离机会，无风险（或几乎无风险）地低买高卖。由于人类交易员或慢速机器人交易员反应较慢，市场上常常有瞬间套利机会，超高速机器人交易员则会抓住该机会获利
成为造市商	造市商与市场动向联动，持续进行卖出和买进的价格提示，并且为买卖双方寻找最佳价格撮合交易，本身则从买卖差价中获利
预测市场行情	超高速机器人交易员预测经济指标或新闻发布后的短期市场行情，以超高速交易建仓。如果市场出现滞后反应，则能获利
紧盯交易行情	超高速机器人交易员根据价格提示的变化（显示板信息）预测将来的价格提示。例如，大宗订单需要一定的时间持续发送信息至市场，超高速机器人交易员意识到这种订单的价格提示，就能抢先获利

对于造市商来说，如果没有行情变动就比较简单，但实际上市场一直在复杂地变动，弄不好就会遭受巨大损失，所以成为造市商的超高速机器人交易员必须擅长短期市场价格动向的预测。超高速机器人交易员几乎都会利用市场性质中的"平均回归"特性，此特性是指行情的短期动向因参与者买卖的影响多少会出现价格的上下波动，但下一个瞬间又回归至移动平均。

因为有这种特性，一般预测数秒以下等短期行情的变动比预测长期变动要简单得多。超高速机器人交易员根据短期行情变动进行造市。

以令人难以置信的胜率为豪的超高速交易公司

前文说明了超高速机器人交易员的主要交易策略，接下来简单说明操控这些超高速机器人交易员的公司。专业从事超高速交易的公司中有两家非常有名：一家是Getco，另一家是Virtual Financial。这两家公司都以超高速机器人交易员采用的造市商策略为主要策略。而且，这两家公司都在东京证券交易所利用超高速机器人交易员频繁地进行交易。

Getco公司没有上市，公开信息不多。但它作为超高速交易的大公司在全球50多家交易所开展商业活动。据说其交易份额占据交易所前几位，尤其是它在美国股票市场的交易份额较高，差不多占10%或20%。Virtual Financial公司于2015年上市，收益状况公布了一部分，其2015年的交易收入超过5亿美元。

Getco或Virtual Financial这种有实力的超高速交易公司的特征是以令人震惊的胜率获得利润。Virtual Financial公司原本预定2014年上市，公开了相关资料。据资料表明，2009—2013年的5年间其进行交易的1 238天中仅一天出现亏损，也就是说按天算的胜率在99.9%以上。Virtual Financial公司解释说，产生这种异常稳定利润的理由是世界上30多个国家超过200家证券交易所进行了 1 万多家公司的证券价格提示，它的交易也许有盈有亏，但因为每天进行大量交易，所以概率论中的大数定律发挥作用，胜率优势反映在每天的结果上。顺便要说的是，Virtual Financial 公司在东京证券交易所的交易也是其主要收益来源之一。Virtual Financial 公司这种令人难以置信的胜率，由于 2014 年《快闪小子》的发行，使人联想到其令人震惊的稳定利润背后有抢市交易策略。最终结果是，Virtual Financial 公司的上市推迟到第二年。

Getco 和 Virtual Financial 公司是超高速交易公司的代表，但操控超高速机器人交易员的并不只是这两家公司，也包括一部分对冲基金公司和投资银行，这将会在后文说明。

外汇市场也充斥着超高速机器人交易员

超高速机器人交易员不仅活跃在股票市场，外汇市场、原油期货市场等流动性较高的交易市场也充斥着超高速机器人交易员。

以美元、日元等货币为主的外汇市场是全球流动性最高的金融市场。现在外汇市场的特征是，被称为电子交易网络（ECN）的私营外汇交易所成为市场交易的主要平台。正如大家所知，外汇交易一直以来不是通过东京证券交易所这样的交易所进行交易的，而是金融机构和客户直接交易，或金融机构之间通过经纪人进行交易。近年来，建立了许多电子交易网络，电子交易网络成了外汇交易的主要平台。电子交易网络有多种模式，有由风投公司设立的，还有由大银行、经纪人主导的等。由风投公司设立并获得成功的电子交易网络多数被大企业收购。具体来说，现在美国道富银行的 Currenex、BATS 交易所收购的 Hotspot FX 等都是具有实力的电子交易网络。

电子交易网络蓬勃发展是进入 2000 年后，由于交易环境得到改善，利用超高速机器人交易员的超高速交易公司或对冲基金公司等都参与到原来由银行掌握主导权的外汇市场中，具体包括前文中提到的 Getco 公司和后文将要说明的名为城堡投资集团（Citadel Investment Group）的对冲基金公司。2000 年以后的外汇电子交易网络见图 2.4。

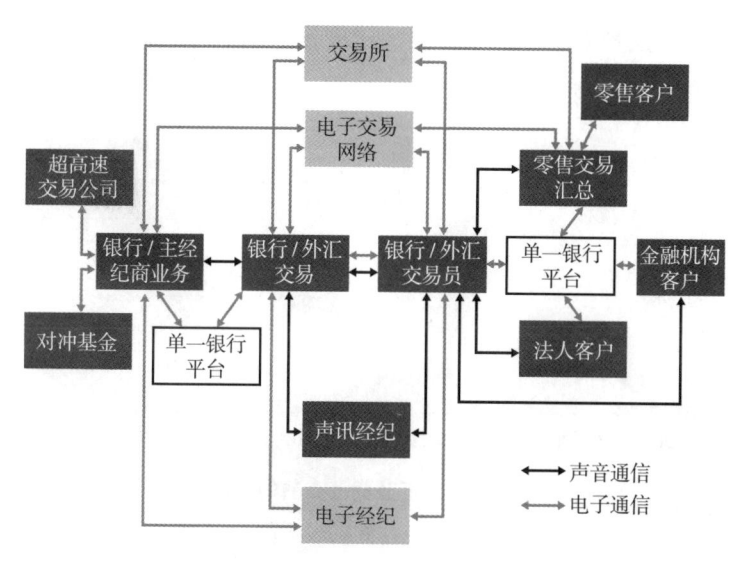

图 2.4　2000 年以后的外汇电子交易网络

实际上，在超高速机器人交易员领域中，华尔街的大型金融机构已经落伍。之所以这么说，是因为组织庞大的金融机构中有一套大型系统一直在运作，这种设计思想守旧的系统被称为传统体系。对于需应对多样化业务且拥有传统体系的金融机构来说，启用超高速机器人交易员开展业务不是件容易事。

面对这种状况，在外汇交易领域，有一段时间可以说大型金融机构处于被超高速机器人交易员牵着鼻子走的状态。部分对该状况有危机感的金融机构也想让超高速机器人交易员在其中发挥作用，如今，在有实力的电子交易网络中，对冲基金等公司的超高速机器人交易员与银行的同类设备处于共存状态。

也许有读者从事外汇交易，FX Solutions 公司挂牌的价格背后，都直接或间接地与超高速机器人交易员横行的电子交易网络相关。在这种环境下，以人类的速度提高利润相当困难。外汇超高速交易的比例见图 2.5。

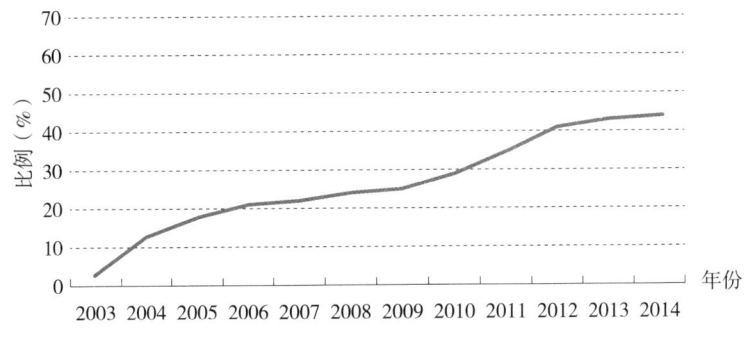

图 2.5 外汇超高速交易的比例

算法交易的老牌公司

前文说明了近年来超高速机器人交易员的活动状况，在此再回顾一下使用运算法则的机器人交易员的历史。

1987年的"黑色星期一"是由算法交易引发的，前文已经提过。几乎在同一时期，以算法交易为商业支柱的一家风投公司成立，这家公司的名称是ATD。ATD的商业模式是利用当时最新的人工智能手法，提供执行大宗订单服务，把给市场带来的影响控制在最小限度。

ATD利用的是被称作专家系统的人工智能技术，当时相关研究非常盛行。专家系统于20世纪70年代由斯坦福大学相关研究人员开发，其作用是以人类专家的知识为基础，通过使用推断功能导出结论。20世纪80年代以后，在法律、生产、会计等领域该技术的应用得到发展。ATD使用专家系统进行大量的市场数据分析，预测超短期的市场动向。

所谓用于市场价格预测的专业知识，具体来说，主要是指出现在图表分析中的价格动向模型，可以说这是经纪人多年来的经验体现。ATD基于这些经验和知识，预测下一瞬间的行情动向，迅速制定交易策略并执行。这一连串的作业不需要人工操作，而是由机器人自动完成，ATD是交易执行机器人的先驱。

2007年ATD被花旗集团以约7亿美元的价格收购。据说收购时ATD的市场份额在美国纳斯达克和纽约证券交易所占到了6%。

知名对冲基公司正式参与造市商业务

现在利用机器人开展造市商业务最积极的公司之一是著名的对冲基金公司城堡投资集团。城堡投资集团的特征是，不仅在股票市场或外汇市场等固有领域开展业务，甚至积极地将业务扩大至债券或利率衍生品等原来几乎没有超高速机器人交易员存在的领域。

城堡投资集团在 1990 年由当时还是哈佛大学学生的肯尼斯·格里芬（Kenneth Griffin）创立。格里芬最初的策略是进行可转换公司债券的套利交易。正如大家所知，可转换公司债券是被赋予了看涨期权的公司债券，是一种商品。但是，可转换公司债券所含的股票权利的评价价值常常处于较低水准。这种状况下，在购买可转换公司债券的同时创建实物股的空头头寸，获利概率会很高。

城堡投资集团运作的是不凭借经纪人的直觉或经验，而是重视数字性分析的量化基金，关于量化基金将在第 3 章详细说明。

城堡投资集团于 2002 年成立了叫作城堡证券的子公司。当初城堡证券的目标是作为综合性投资银行，成为"新一代高盛"。但是由于受到 2008 年雷曼兄弟公司倒闭的冲击，其雄心受挫。可贵的是该公司并没有就此泄气，而是找准方向专注于电子交易业务，一方面解雇旧式投资银行人员，另一方面招募数学、物理及计算机技术等领域的优秀人才，在债券和股票市场扩大机器人造市商业务。

城堡证券在美国股票市场占有很大份额，上市股票期权的市场份额已有 20%，并且近年来一直致力于债券和利率衍生品等造市业务。利率衍生品利用固定利率与变动利率回避长短期利率变动风险，这种方法颇为有效，被广泛采用。城堡证券参与利率衍生品造市业务是在 2014 年，但其在短短一年后就成长为彭博（Bloomberg）终端运营的电子交易网络的最大造市商。

2015年7月至9月纳斯达克市场的买卖成交额、执行速度、执行价格差见图2.6。

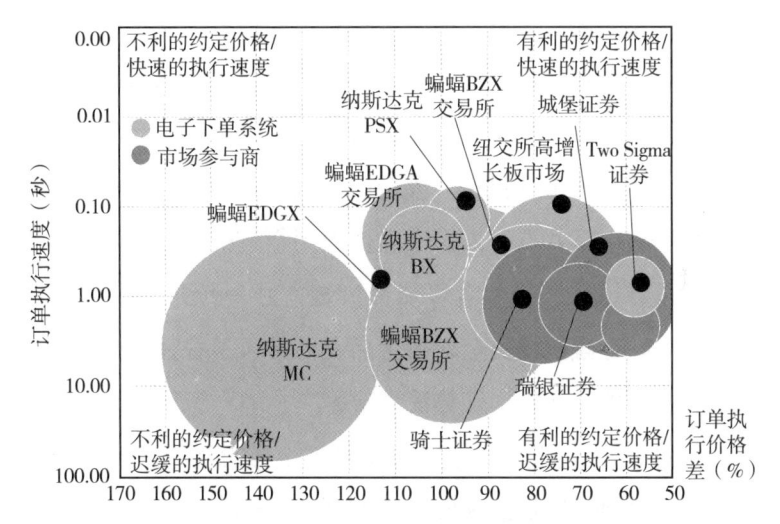

图2.6　2015年7月至9月纳斯达克市场的买卖成交额、执行速度、执行价格差

注：图中圆的面积反映被执行的股票数量（买卖成交额）。

雷曼冲击改变金融业

城堡证券进军金融市场对传统金融机构来说非常具有冲击性。为什么这么说，因为利率衍生品或货币衍生品都是不经过交易所而是由金融机构经营的代表性金融衍生品。门店金融衍生品的造市长期以来都是银行或证券公司的专属领域。门店金融衍生品造市商之所以是金融机构的专属领域，是因为门店金融衍生品交易对象的信用非常重要。利率衍生品等门店金融衍生品超过10

年的契约并不少见，中途交易一方如果违约就可能使另一方受到很大损失。

雷曼冲击之前，大型金融机构拥有长期进行门店金融衍生品造市的人才、专业知识和信用查询系统，被看作业态风险极高的对冲基金公司要从事造市业务简直无法想象。

但是，雷曼冲击从根本上改变了金融行业。发生这种根本性改变的原因有以下几点：人们已经认识到金融机构的信用不再像以前那般可靠，这一点读者可能都清楚；另一点更为重要的是，雷曼冲击后，金融机构的金融衍生品交易导入了各种各样的国际性法规，原有的金融机构优势消失殆尽。

雷曼冲击后引进的国际性法规要求金融机构间进行的利率衍生品交易等必须通过中央清算机构。于是，进行利率衍生品交易时，金融机构必须向中央清算机构提供担保。这就意味着门店金融衍生品与证券交易所进行的期货交易事实上不存在任何差异，即只要提供担保，任何人都能交易。信用高的金融机构（一半是幻想式的）的强项至此不再成为必须。因此，高风险的对冲基金公司城堡证券得以进军利率衍生品造市行业。

金融机构不再是市场主角

那么，再回过来看看现在究竟是什么情况？今天的股票、外汇、债券、金融衍生品等市场上引进了大量的超高速机器人交易员，占据了很大交易份额。这种市场上的造市商等业务，长期以来由华尔街的金融机构或日本大型综合银行或大型证券公司等国际性金融机构承担，同时也是它们的巨大收益源。

但是时代发生了很大变化。时代发生改变的原因主要有以下两个：一是股票或外汇等市场从21世纪起由人类经纪人时代全面发展成电子交易时代；二是雷曼冲击后引进了严厉的金融法规，使得金融机构失去了金融衍生品的优势。尤其是后者的影响刚刚开始，城堡证券的成功，吸引了想追随其脚步的对冲基金公司参与进来。这也许就是金融机构失去市场主角地位的原因。

传统金融机构作用减弱的征兆也出现在其他市场。想必有读者听说过信贷衍生工具一词。雷曼冲击的元凶就是可以转移企业等信用风险的衍生工具。雷曼冲击后，利用信贷衍生工具的交易锐减，但最近信贷衍生工具市场好像又显生机。活跃地进行交易的主角不再是金融机构，而是大型资产管理公司或对冲基金公司。

原来的金融机构市场被抢占，这种事态并不是遥远的将来才会发生的事，说不定现在就处于已发生的状态。当然，现有金融机构也正在考虑如何巩固地位。但是，此时的市场面貌已与原来完全不同，市场引进了可大显身手的机器人交易员。

不管怎么说，有一点毋庸置疑，今后的市场会越来越多地使用机器人交易员。

第3章

目前，对冲基金公司正在考虑什么

贪婪追求盈利的对冲基金公司

前一章讲述了在股票或外汇市场，超高速机器人交易员发挥了造市商作用。因为这种超高速机器人交易员非常频繁地反复进行交易，所以其所进行的交易称作高频交易。高频交易基本上以薄利、大量反复交易获取利润。Virtual Financial 公司利用超高速机器人交易员进行大量交易，每天的确能获取小额盈利。

但是，总会有人想以不费事且更高效率的方法获取更大利润，其代表就是对冲基金公司。部分对冲基金公司也从事薄利多销的造市商业务，但更多的对冲基金公司想获取更大回报。

对冲基金这一说法其实没有严密的定义。从少数富有的个人或投资机构手中募集大额投资资金自由进行投资管理的基金一般叫作对冲基金。私募基金代表着接受谁的资金由对冲基金公司自己决定，管理方法几乎没有限制，甚至很多对冲基金公司把总部设在避税港。相反，一般的公募投资信托公司受各国监督当局的法规监督，其资金管理受到各种限制并有向相关机构报告的义务。

对冲基金公司与传统资产管理公司的管理方法不同的是，对冲基金公司一般追求绝对利润，而传统资产管理公司一般以股票或债券指数作为基准，目标是获取超出基准的回报。也就是说，股票上涨时获得比指数高的回报，或者股票下跌时，将损失控制在比指数小的程度，这就是传统资产管理公司的目标。但是，大多数对冲基金公司不顾整体行情的波动，只追求利润。再具体点说，它们不仅建仓买进股票或债券，同时卖出空头与买进对冲，以避免风险，这也是对冲基金的由来。

对冲基金公司的投资策略

对冲基金公司的投资策略各种各样，表3.1所示是其中一些典型策略。说起对冲基金，由乔治·索罗斯（George Soros）和吉姆·罗杰斯（Jim Rogers）率领的量子基金在日本广为人知。

表3.1 对冲基金公司的典型投资策略

全球宏观策略	以世界宏观经济状况为焦点，对股票、外汇、债券、商品的价格波动进行预测
相对价值策略	风险及性质相似的两家公司资产有价格差时，买入低价资产，卖空高价资产
长短仓策略	股票的配对交易，同时进行同种行业股票的买进和卖空，避免市场整体变动风险。预测到两家公司股票有相对价格变动时采用这种策略
可转换公司债券套利策略	利用可转换公司债券所具有的股票看涨期权价值频频贬值的策略
事件驱动策略	利用收购、分离独立或者破产等公司特殊状况时的股价波动进行投资

量子基金根据对世界宏观经济的观察，预测股票、外汇、债券或商品的价格动向，从而建仓。这种投资策略叫作全球宏观策略。全球宏观策略是对冲基金公司的代表性投资策略，大型对冲基金公司大多采用这种策略。

20 世纪全球宏观对冲基金中著名的有量子基金，以及几乎与索罗斯齐名的朱利安·罗伯逊（Julian Robertson）旗下的老虎基金，还有一些由有着与众不同的投资眼光并具有号召力的投资家率领的基金。在这类模式的基金中，具有号召力的投资家的强烈个性和投资直觉、独特的投资哲学发挥了决定性作用。其中，1992 年英镑危机之时，卖出巨额英镑的索罗斯赚了个盆满钵满，此事成为一段佳话。

即使到 21 世纪，依然看得到这种持仓模式，有号召力的投资家根据自己的经验对行情做出判断，持仓巨大令人震惊。雷曼冲击前后的混乱期，约翰·保尔森（John Paulson）率领的保尔森对冲基金做空次级贷款，其收益超过了索罗斯卖出英镑的收益，成为奇迹。但是，这种模式到了 21 世纪，呈现衰退趋势。

LTCM 的尝试与失败

为尝试与凭借经纪人的经验或直觉这种传统模式诀别，20 世纪 90 年代，世界上最有名的对冲基金之一 LTCM（美国长期资本管理公司）的运作方法被广为学习借鉴。LTCM 着眼于价格波动相仿的两种资产的相对价格差，利用相对价值策略（或者是长短仓策略）做出投资决策。例如，LTCM关注美国国债的收益率和反映出同期优质银行信用风险的利率衍生品交易的互换价差，当判断价差超出人们认为合理的基准时，会避开利率基准波动带来的风险，假如价差缩小，则建立能带来利润的头寸。

LTCM着眼于股票、发展中国家债券等资产的相对价值差，买进收益率高的资产，卖空收益率低的资产。LTCM在这种策略中利用了一些数字性分析，甚至雇用了迈伦·斯科尔斯（Myron Scholes）、罗伯特·默顿（Robert Merton）等金融工程领域的超级明星。

20世纪90年代中期，因美国的利率急剧上升，在其他投资家都在苦战时，LTCM靠相对价值策略取得了年回报率近40%的惊人业绩。当时，华尔街的金融机构为了从LTCM拉到订单在门口排起了长队，但是LTCM在1998年夏天的俄罗斯金融危机时瞬间崩溃，只能仰仗美国中央银行的支援。

LTCM的失败是因为在几乎没有流动性的市场以巨额资金过多过猛地建立了头寸，情况就如同机器一旦齿轮开始倒转，损失便以不可遏制。LTCM判断为廉价的资产变得更为廉价，判断为高价的资产价格继续上涨。甚至，直至LTCM崩溃前，其购入资产仍与原来的相对价值策略不符，LTCM继续大幅度增加头寸，结果更大地撕裂了伤口。

LTCM的崩溃，其实对于我个人来说也深有体会。英镑互换价差近似发狂的价格波动一直令我难以忘怀，因为当时我在伦敦从事金融衍生品交易，实施与LTCM一样的以相对价值投资为中心的策略。幸好我的头寸与LTCM不重合，没有遭受大风暴的袭击。

　　LTCM的策略的确与以前的传统模式有所不同，但从近乎不合理的大胆和冒着巨大风险的意义上来讲，LTCM的策略与充满号召力的传统大鳄投资家在精神方面有共同之处。从此意义上来说，LTCM也许是20世纪至21世纪管理模式变化时期出现的过渡性基金。

不依赖人类经验和直觉的量化基金之兴盛

　　虽然LTCM崩溃，但其关注价值的非传统性投资模式随后被多家基金公司采用。学习LTCM模式的华尔街金融机构的经营者、LTCM的前员工跳槽至其他基金公司，推广了这种交易模式。他们认为LTCM的失败并不是相对价值投资策略本身的失败，而是举债经营过头及建立了与原有模式相反头寸的结果。

　　20世纪90年代至2007年雷曼冲击前，对冲基金行业急剧扩大。但发挥龙头作用的是以数字性分析为基础，建立长短仓或相对价值投资策略头寸的基金公司。采用不同策略的对冲基金资产增加见图3.1。

　　对冲基金的典型投资策略在表3.1中有说明。现有另一个切入口，就是按是否是量化基金进行分类。所谓量化基金，不是靠人类的直觉或经验进行投资判断，而是重视基于数学、统计学理论或模型的价格分析进行交易的对冲基金。大多数以分析相对价值或长短仓为策略的基金都是量化基金。但是量化基金策略不仅

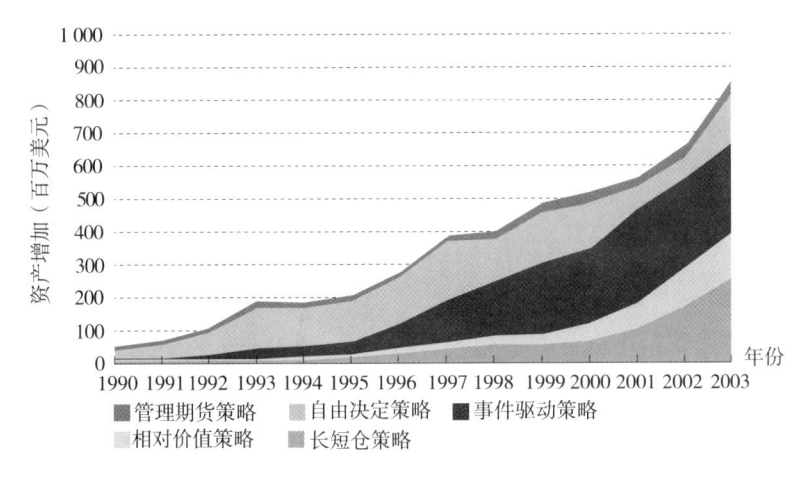

```
1000
 900
 800
 700
 600
 500
 400
 300
 200
 100
   0
     1990 1991 1992 1993 1994 1995 1996 1997 1998 1999 2000 2001 2002 2003
```
资产增加（百万美元）　　年份

■ 管理期货策略　　■ 自由决定策略　　■ 事件驱动策略
■ 相对价值策略　　■ 长短仓策略

图 3.1　采用不同策略的对冲基金资产增加

限于这些模式，其他还有许多模式。例如，利用数学统计分析行情或宏观经济指标，通过这些分析进行投资判断。量化基金中，常常由机器人自动进行投资判断并执行交易。第 2 章介绍的利用计算机运算法则预测超短期行情变动提高利润的超高速机器人交易就是量化基金策略之一。前文介绍的 LTCM 可以说是混合了定量分析要素和传统性基金要素的基金公司。

20 世纪的大多数对冲基金都是非量化基金，但量化基金的历史很古老。20 世纪 60 年代，利用概率分析得出在赌博中获胜方法的神奇投资家，同时也是数学家的爱德华·索普（Edward Thorp）在 70 年代建立的基金就是量化基金的先驱，文艺复兴基金公司至今仍是量化基金公司的代表性存在，其成立在 20 世纪 80 年代。

量化基金之所以不引人注目，是因为其投资策略难以理解，还有就是具有号召力的投资家在其重要解说中也未提及。

另一方面，量化基金不是靠个人直觉或大局观，而是通过数学、统计分析或模型进行机械性投资。这类基金不像索罗斯抛售英镑，保尔森做空次贷那样一招制胜，而是进行了数个复杂的交易，这不是靠一句话就能说清的，其投资策略相当多样化。关于量化基金的机器人也没有全面的解说，并且多数量化基金公司与索罗斯不同，它们不会完全暴露自己的意图，而是对自己的策略保密。基于以上理由，量化基金一般很少引起人们的关注，是一种很难成为人们话题的对冲基金。

但是，我认为，逐渐成为对冲基金业霸者的正是有效活用人工智能等技术的量化基金。量化基金管理资产的变化见图3.2。

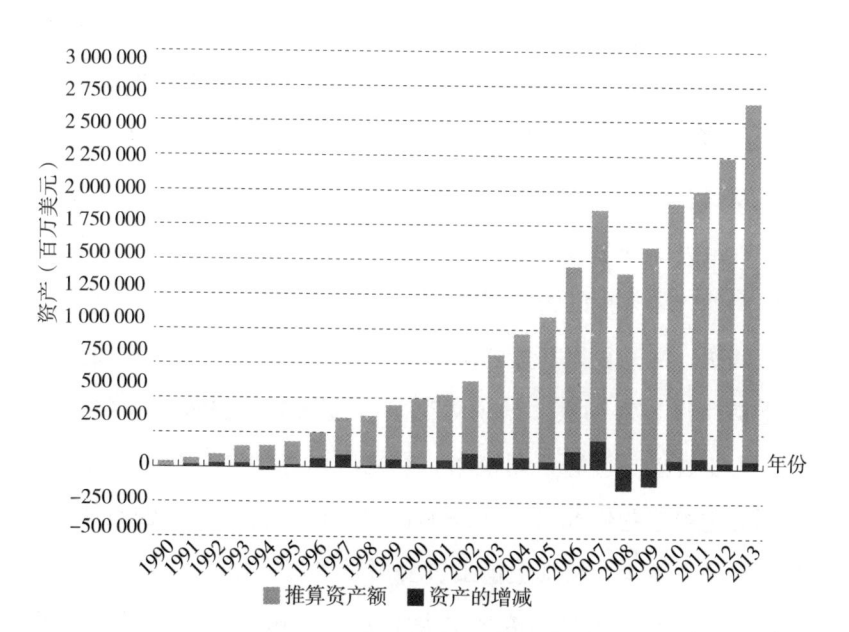

图3.2 量化基金管理资产的变化

被人工智能操控的金融业

蒙着神秘面纱的传说中的对冲基金公司——文艺复兴基金公司

　　量化基金的先驱且具有代表性的对冲基金公司是文艺复兴基金公司，它由天才数学家兼认知和密码解读专家詹姆斯·西蒙斯创建。文艺复兴基金公司的旗舰基金——大奖章基金的业绩在对冲基金行业中出类拔萃，截至2014年，过去20年间，其平均每年的回报率超过35%，尤其是在雷曼兄弟公司倒闭的2008年，多数基金亏损，而大奖章基金的回报率超过98%。

　　尽管取得了令人惊异的成绩，但知道索罗斯或罗杰斯的人不一定知道西蒙斯。这除刚才所说的原因外还有以下几个理由：

　　首先，因为大奖章基金成效好，不必依靠来自外部的资金收取手续费，所以从20世纪90年代起该基金公司不再接受外部资金，资金大部分来自内部员工。也就是说，大奖章基金完全没有理由对外宣传其良好的管理成效。

　　其次，文艺复兴基金公司对投资手法保密的政策在对冲基金中也贯彻得非常彻底。据说大奖章基金聚集了顶级的数学、物理、人工智能、计算机研究者，它之所以能彻底实行保密主义，是因为它给这些研究者最优厚的待遇并鼓励他们进行创新研究，使得跳槽者减少，再加上员工进公司时签订了合同，合同约定员工离开公司时不得使用在文艺复兴基金公司学习和掌握的技术方法。

詹姆斯·西蒙斯是传奇人物，在加利福尼亚大学伯克利分校拿到了数学领域的拓扑博士学位后，他在防卫分析研究所从事了几年密码分析工作。此后，西蒙斯作为大学数学教授提出了有名的陈—西蒙斯（Chern–Simons）理论，并于1982年中期成立了对冲基金公司。该对冲基金公司自20世纪80年代后半期起到现在一直保持令人惊叹的业绩。

文艺复兴基金公司管理的资产规模大约为270亿美元（约3兆日元），但大多是西蒙斯及员工的资金。据说西蒙斯个人的利润多年来达到了15亿美元。西蒙斯在2009年退位后，现在致力于与数学教育相关的慈善活动。

虽然文艺复兴基金公司蒙着神秘面纱，但也有藏不住的信息。英国《经济学人》（*The Economist*）杂志的记者塞巴斯蒂安·马洛比（Sebastian Malloby）基于对对冲基金公司持之以恒的调查再加上出色的洞察力于2010年出版了《富可敌国》（*More Money Than God*）一书，该书中提供了关于文艺复兴基金公司投资方法的秘密等重要信息。

数学、物理、计算机专家解析市场模型

被西蒙斯收于麾下的基金伙伴对于金融业来说都是具有鲜明特色的人物。文艺复兴基金公司在创业时期的两位核心成员就是西蒙斯在防卫分析研究所时的密码分析工作伙伴，其中一位是与西蒙斯一样有名的获奖数学家詹森·阿克斯

（Jensen Ackles）。文艺复兴基金公司将密码分析技术应用于市场，分析行情变动，从中找出能带来盈利的模式。它不放过市场发出的每个信号，在交易期间，短期内反复进行高频率的操作。西蒙斯聚集了拥有从市场读取信号并执行交易必须技术的数学、物理、计算机等领域的一流专家，不断锤炼市场密码分析技术。

西蒙斯开始从事对冲基金业务是在1982年，开始几年业绩平平。在1988年，西蒙斯成立了旗舰基金——大奖章基金。

大奖章基金采用的研究方法是对市场数据进行定量分析、解读，并将此技术应用到市场交易中。最初，大奖章基金不仅解读短期趋势，还尝试解读中长期趋势，但很快就稳定下来专注于短期趋势分析，因为押注短期变动模式的策略更能稳定赢利。西蒙斯就这样确立了文艺复兴基金公司独有的研究方法，并奠定了公司的管理基础。

大奖章基金出类拔萃的业绩前文已提到过。在雷曼冲击后的混乱期，当其他交易员尚在苦战时，大奖章基金已展现出非凡的业绩。要执行短期交易，靠运算法则行动的机器人交易员动作越敏捷越好，文艺复兴基金公司很早就引进了超高速机器人交易员。

西蒙斯也成功地培养了接班人。当然，他的接班人也是数学人才，1993年西蒙斯录用了IBM的两位计算机技术员，现在这两人接替西蒙斯把文艺复兴基金公司经营得欣欣向荣。这两人在IBM时的专业领域是语音识别，语音识别是计算机模式识别的重要研究领域。这两人不单是技术人员，而且很适合西蒙斯风格的基金运营，两人在 IBM 研究的语音识别成为文艺复兴基金公司的战略核心。语音识别与人工智能或统计性分析有很大交叉部分，近年人工智能的发展也带动了该领域的飞跃进步。

想必读者知道我要说什么了，人工智能技术以超出原来预想的势头迅猛发展，甚至击败了围棋专业高手，文艺复兴基金公司当然也有可能带来交易市场信号识别技术的飞跃式进步。实际上，据说文艺复兴基金公司近年来积极地录用人工智能技术人员。

世界对冲基金大鳄桥水公司

接下来，谈谈世界最大的对冲基金公司桥水公司。桥水公司的创始人雷伊·达里奥没有文艺复兴基金公司创始人西蒙斯有名，在日本知道他的人也不多。但是，达里奥是具有独特人生观的有趣人物。

达里奥从哈佛大学毕业后，在纽约证券交易所工作过一段时间，他在 26 岁时成立了桥水公司。当初，该公司主要从宏观经济视角向投资机构或企业提供外汇行情或利率动向等方面的咨询服务，达里奥的报告大受好评。20 世纪 80 年代后半期，桥水公司从客户之一的世界银行接到了关于债券投资的业务，从此向资产管理领域进军。1991 年桥水公司成立了旗舰基金"纯阿尔法"（Pure α），正式涉足对冲基金业务。

在资产管理界有两个重要概念 α（阿尔法）和 β（贝塔）。β

是与股票指数等行情整体波动情况联动的回报率数值，是20世纪60年代中期出现在资本资产定价模型（CAPM）中的概念，CAPM是今日资产管理的基础理论。与此相反，α是超出市场整体波动的回报。

到现在，读者可能大概明白了达里奥的α策略是指什么。α策略就是尽可能地消除反映整体行情上下波动的β的影响，使+α部分最大化的策略，即不管股票指数的上下波动，寻求超额回报的投资策略。原本对冲基金行业就是追求与股票指数无关，只要能提高利润的绝对回报。纯阿尔法基金只是坚定该立场高调地摆出姿态。

纯阿尔法基金的具体投资对象有债券、外汇、股票等，达里奥因积极活用挂钩债券或超长期债券获得成功而知名。纯阿尔法基金基于全球宏观经济环境投资，此策略与索罗斯的量化基金相同，但这两只基金实际的研究手法大为不同。纯阿尔法基金只是寻找α，为了达到消除与整体市场波动联动的β的影响这一目的，非常重视数字性、统计性分析。纯阿尔法基金与文艺复兴基金公司那种纯粹的量化基金不同，但量化基金的色彩很浓郁。

只投资α的理念和达里奥看透世界经济的能力使得纯阿尔法基金得到了许多投资机构的支持。纯阿尔法基金在2000年因IT泡沫破灭导致的股票下跌期也取得了卓越的业绩，桥水公司成长为世界知名的基金公司。

第3章
目前，对冲基金公司正在考虑什么

桥水公司独特的文化

　　桥水公司独一无二的特征仅凭其投资策略或获取的业绩无法描述清楚。达里奥受披头士（The Beatles）乐队成员的影响每日坚持冥思达10年之久，据说，正因为他的长久冥思，纯阿尔法基金才获得如此成功。达里奥除冥思外，对生活和工作的理念充满了哲学性。2011年他撰写了一本内部员工手册，手册名为《原则》（Principle），其中归纳了他的行事原则，他在前言中写道："桥水公司成功是因为公司运作遵循了几条原则。运用这些原则，当各种状况反复出现时可以顺利导出简洁答案。""我希望你能了解自己想要什么？什么才是真实的东西？为此，你该怎么行动？其中最根本的原理是'最好更详细、更准确地了解现实，这是带来结果不可欠缺的基础'。人生的根本法则就是'现实＋梦想＋决心＝成功的人生'。为了实现成功的人生，必须反复'痛苦＋反省＝进步'的过程。"该手册中详细的原则超过200条，关键词就是"真实""现实""分析""学习""效率""行动"。桥水公司的投资家会议中，根据该《原则》，要求每位会议出席者畅所欲言，公开发表自己的想法，只要认为是真实的必须毫不犹豫地说出来。如此便更有利于把握全球经济的真实状态，厘清各要素之间的因果关系，彻底讨论该采取什么行动。桥水公司既具有量化基金般的数字性分析又兼具哲学、冥想等特点。达里奥不把自己对行情的观点强加给每位员工，只要求员工做到遵循根本法则探求真相。

从 IBM 挖走"沃森"开发者

具有独特文化的桥水公司于 2012 年从 IBM 挖走了大卫·费鲁奇。费鲁奇是 IBM 统率人工智能"沃森"开发团队的著名人物。最近日本也在大力宣传"沃森"。2011 年美国的热点竞猜节目中"沃森"以绝对优势击败对手获得冠军,以此为开端,其持续在各个领域获得令人震惊的辉煌战绩,从而闻名于世。

"沃森"是远超出普通人工智能这一概念的机器,它从声音或文字等各种途径获取信息,不仅能识别模型、理解提问的含义,还可以寻找备选答案,为备选答案打分,进行各种组合搭配,形成最终答案。IBM 的目的是让"沃森"通过计算机利用类似于人类五官的功能获取并识别信息,并根据这些经验进行学习。IBM 不把这种综合性功能简单称作人工智能,而是称作认知运算。

费鲁奇所从事的工作与"沃森"有很大关联,是将人工智能的手法嵌入与提问、回答等相关联的各种功能中,大幅度提高"沃森"的性能。费鲁奇等将该项目称作深层 QA(见图 3.3)。

费鲁奇在 2015 年夏接受的采访中,兴致勃勃地介绍了最近的人工智能是怎样进行学习的。据费鲁奇介绍,如果要让计算机识别游艇或汽车的图像,不是由人类去教它区分的方法,而是给

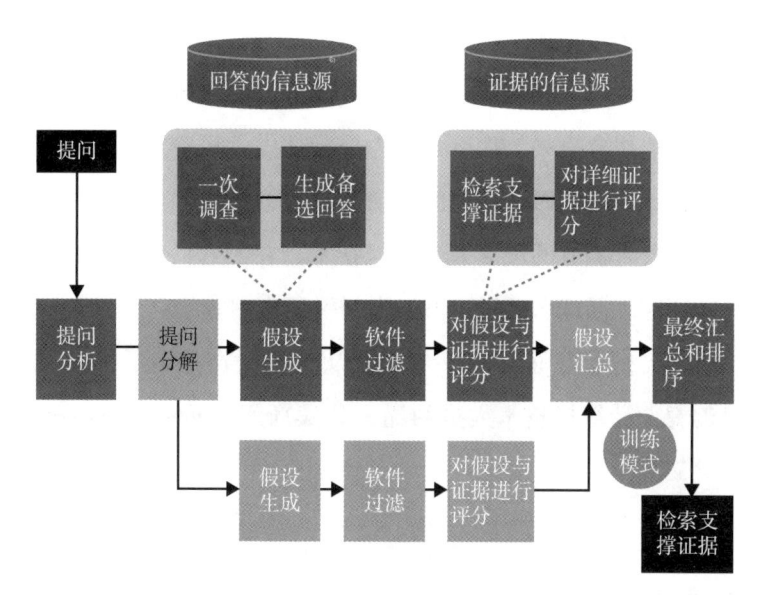

图 3.3　费鲁奇主导的"沃森"深层 QA 项目示意图

它看大量的游艇或汽车照片，告诉它"这是游艇、这是汽车"。计算机就这样学习游艇或汽车的特征，最后，即使给它看从未看到过的照片，它也能认识那是游艇或是汽车。

世界上最大的基金公司桥水公司让费鲁奇做什么呢？2015 年 3 月，达里奥宣布成立费鲁奇等 6 人组成的人工智能小组，同时就使用人工智能的目的，对媒体进行了如下说明：

"桥水公司从 1983 年开始就构建了由计算机系统进行决策的方略。我们认为，事物都存在逻辑性因果关系，过去发生的现象会反复发生多次。如果将思考原则输入计算机的话，计算机应该像 GPS 一样发挥高精度的决策导向作用。这就像使用 GPS 时，如果遵从导向，将能够实现很好的比对（协调）。计算机决策系统常常更新学习，并不断汲取知识，比对程序将永远持续。"

达里奥没有公开具体的"思考原则",但从他迄今为止的投资方针中能想象出来,那就是极力控制偶发性风险或与经济指标相关的因素造成的影响,以此为前提条件,最大限度地获取期待收益。费鲁奇拥有的最高人工智能技术,在不远的将来会成为达里奥的魔法水晶球,展示出其强大的引领作用。

另外,桥水公司在2016年3月从苹果公司挖走了iPad开发小组负责人计算机技术人员约翰·鲁宾斯坦(John Rubinstein),这一时又成为话题。

运用大数据和人工智能快速成长的 Two Sigma 基金

前面介绍了两只具有超凡魅力的超级对冲基金,下面再介绍两只彻底活用人工智能的对冲基金。其中一只是21世纪设立的新兴基金 Two Sigma,该基金以良好业绩急剧扩大。

Two Sigma 基金的两位创始人一位是计算机技术人员,另一位是获得奥数奖牌的统计专家,这点与文艺复兴基金公司有些相似。这两位创始人以前曾在有名的量化基金公司德劭集团(D. E. Shaw)工作过。

Two Sigma 基金的主要投资对象之一是美国股票,其最大特征是使用人工智能进行大数据分析。分析的数据来自新闻、企业公布的财务指标等,甚至包括推特(Twitter)中发布的信息。

根据《华尔街日报》(*The Wall Street Journal*)报道,Two

Sigma 基金同时采用多种投资模型进行分析，具体来说，有与股票动向相关的传统技术分析模型，像人类股票分析家那样分析财务指标的模型，甚至还有分析推特上的话题寻找与企业经营状态相关信息的模型。各种模型各自预测股价动向，Two Sigma 基金再采用其他运算法则，加上考虑各模型过去业绩，分配权重后决定初步交易策略。最终，Two Sigma 利用风险管理运算法则，确认各投资组合带来的风险后做出最终交易决策。Two Sigma 基金也是运用超高速机器人交易员进行资产管理的大型基金。

2015 年 10 月，Two Sigma 基金挖走了谷歌研究部门副总裁人工智能著名研究员阿尔弗雷德·斯派克特（Alfred Spector）。据说阿尔弗雷德·斯派克特在谷歌采用机器学习这一近年来成为热门话题的技术，不断推动对话认知和自动翻译等研究。不用说大家都知道谷歌是大数据分析的权威，所以 Two Sigma 基金的目的就不必多做解释了。

Two Sigma 基金创始人之一声称，众多与其竞争的对冲基金一直采用由人类进行判断的古老方法，但 Two Sigma 基金的做法才是资产管理未来的面貌。Two Sigma 基金创立仅 10 多年，但现在资产规模已经相当庞大。Two Sigma 基金使用大数据进行资产管理的流程见表 3.2。

尝试运用人工智能进行长期资产管理的基金

还有一只将人工智能推至前台用于资产管理的著名对冲基

金，那就是斯宾塞·格林伯格（Spencer Greenberger）于2007年成立的 Rebellion Research 基金。Rebellion Research 基金规模很小，与前面介绍的大型对冲基金无法相比。它是由几位刚走出校门的年轻人创建的基金，因其独一无二的挑战性资产管理方式和基金的运营方针而知名。Rebellion Research 基金的特征是不追求速度，通过被命名为"STAR"的机器学习的人工智能从事几个月甚至几年的中长期交易。也就是说，与以超高速进行超短期交易的超高速交易相反，它是与一般性资产管理时间轴更相近的交易策略。

表3.2　Two Sigma 使用大数据进行资产管理的流程

1. 获取大数据	获得世界范围内的市场数据、经济指标、企业财务数据、新闻报道、推特信息、天气数据等
2. 根据模型进行投资分析和判断	采用大量的人工智能模型分析大数据，各模型进行投资判断
3. 分配权重	在各模型过去业绩的基础上，对模型的投资判断进行加权计算，得出初步交易策略
4. 进行风险分析	分析各投资组合带来的风险
5. 执行交易	超高速机器人交易员等交易执行机器执行交易

STAR 使用过去20年以上的股票指标或全球经济及市场等数据，通过机器学习找出对股票产生影响的因素，然后由机器进行投资判断。STAR 主要以价值（廉价股）、增长（成长股）、势头、股价异常现象（并没有明确的理论根据，但对股票投资

有效的现象）等为分析要素，人工智能灵活地根据当时的宏观经济环境和行情波动，决定这些要素中的哪一种有效，即到底采用价值策略还是异常现象策略，或者同时采用两种战略。Rebellion Research 基金至今为止的业绩虽然称不上突出，但一直保持着良好的水平。

Rebellion Research 基金的另一个特征是技术不为部分富豪独占，不专用于他们的资产管理，还考虑为一般投资者所使用，即考虑资产管理的民主化。这一特征对于对冲基金来说很珍贵。

成效差异悬殊的技术独占所带来的风险

通过以上说明想必大家已明白，现在对冲基金行业中对人工智能的投资已形成热潮。文艺复兴、桥水这些已经取得较大成功的超级对冲基金公司，还有 Two Sigma 这种成长显著的基金为了取得更大的成功，从 IBM、谷歌、苹果等公司挖走了著名研究者及行业中真正的领军人物，此动向有渐渐加速的趋势。就好像英格兰足球超级联赛（英超）使用庞大的电视转播费收入，以巨额费用挖走世界最高得分手一样。虽然一流研究者在谷歌或 IBM 也得到优厚待遇，但他们从原来公司得到的报酬与对冲基金公司所支付的金额相差悬殊。

活用人工智能的热浪波及了一些新兴基金。最近新成立的对冲基金中，有不少基金追随 Two Sigma 基金或 Rebellion Research

基金，采用一开始就完全依赖人工智能的战略。

在第1章中，我们已经介绍过谷歌子公司 DeepMind 开发的阿尔法狗打败了围棋顶尖专业选手。深度学习加上深度强化学习的最新技术开始展示出压倒原有技术的优势，该技术运用于金融市场的尝试才刚刚开始。正因为如此，才会不断有著名人工智能研究者被挖走的新闻。深度学习及深度强化学习等创新技术，不是谁利用都能产生高成效，但是被真正的技术领军者使用的话，肯定能发挥与原有人工智能相差悬殊的成效。

所以，如果考虑今后2年、3年、5年的情况，一定会出现超越现有机器人交易员的新型机器人交易员，这么说也许并不为过。新型机器人交易员不仅仅分析过去的行情动向，还会分析所有可获取的数据模型，并能超高速地执行交易，人类的数据分析能力及交易速度根本无法与之抗衡。

当这种状况成为现实后，将会发生什么？以我苍白的想象力难以描绘。但有一点可以肯定，如果对这种状况置之不理的话，具有技术优势且持有大额资金的对冲基金将越来越富，而我们这种迟钝、缺乏大数据分析能力的普通投资者的钱只会被吸走。因此，是否对这种状况放任不管取决于卓越技术被幕后的一小部分人独占的状态是否继续下去。

前面介绍的 Rebellion Research 对冲基金，与超级对冲基金相比简直就是无足轻重的存在，但其有意与大家共享现有技术。要想阻止部分人独占技术，也许只能寄希望于多一些这类有志向的优秀技术人员、投资家。

第4章

资产管理中人类无法战胜机器人

智能投顾时代悄然来临

前文主要介绍了几乎没有出现在正面舞台上的对冲基金或超高速交易公司，本章将介绍在金融科技企业中，很有可能大大改变证券公司或资产管理公司面貌的商业活动。

与日本相比，欧美的金融科技企业有着更为丰富的商业模式。例如，有与智能手机、平板计算机、各种卡等相关的结算业务，还提供面向个人或投资机构的市场信息服务，面向个人与中小企业的贷款服务、汇款服务及与比特币相关的服务，甚至还针对对冲基金提供分析工具开发等极为多样化的服务。在各项服务中，成长最为迅速，甚至使相关人员都难以置信的是智能投顾。

智能投顾能够提供个人退休后的资金以及其他资产管理服务。例如，对于退休后的资金，如何决定在哪些资产上投资多少？智能投顾会利用网络等资源，根据其所掌握的每个人的投资情况进行决策。对冲基金使用的机器人交易员虽然也属于资产管理类机器人，但是它们的客户仅限于拥有大额资金的富豪以及投资机构，而智能投顾也能为一些并不富有的人提供资产管理服务。

为什么智能投顾在美国大有前途？因为美国的个人资产管理需求巨大，并且美国有积极管理个人资产的文化，其商业环境与日本完全不同，日本人退休后把资金几乎都存入银行。

在美国，虽然部分个人超富裕者也会投资对冲基金，但大多数人还是通过资产管理公司或证券公司进行资产管理。为了支持这些个人资产管理工作，美国有投顾职业，很多人都从事此项工作。投顾这一工作就是对具体选择什么投资对象提供建议，这种工作比日本的理财规划师更深入地涉足于投资。在美国，有的投顾是由证券公司销售人员兼任，也有独立的投顾，仅独立的投顾就有 4 万~5 万人。

现如今，智能投顾对人类投顾产生直接威胁，它们正在逐渐被人们接受。

日本与美国的个人资产管理差异

在更具体地说明智能投顾的工作情况之前，我先简单介绍一下在美国机器人有何种程度的潜在市场。

美国的个人资产管理商业规模巨大，日本无法与之比拟。至 2015 年年底，美国家庭拥有的金融资产约为 65 兆美元，其中 30 兆美元是股票或投资信托。按 1 美元兑 110 日元换算约有 3 300 兆日元的规模。在美国，退休金及保险资产有 20 兆美元，退休金及保险资产的一半投资于股票或信托。而日本家庭拥有的金融资产为 1 740 兆日元，投资于股票和信托的资产加起来只有 260 兆日元左右。

美国的大多数退休金根据401k制度，投资于信托及交易型开放式指数基金（ETF）。正如大家所知，退休金包括按工作年限确定支付额的固定退休金和根据投资效益支付额有变动的固定缴款养老金两种。美国的大部分退休金是由个人决定资产管理的固定缴款养老金。

美国的固定缴款养老金计划始于1980年，至今已有近1.3亿人加入，投资总额超过了5兆美元（按1美元兑110日元换算是550兆日元），占个人退休金的约7成。

而日本的国民年金、厚生年金退休金及大部分的企业退休金等，投资风险由国家或企业承担。领取养老金者收到的养老金不与投资效益挂钩，是固定支付的养老金。日本几乎所有的养老金都是固定核拨养老金。个人可选择投资的固定缴款养老金计划（日本版401k）加入者大约为400万人，投资规模不足7兆日元。

日美家庭资产的配置结构见图4.1。

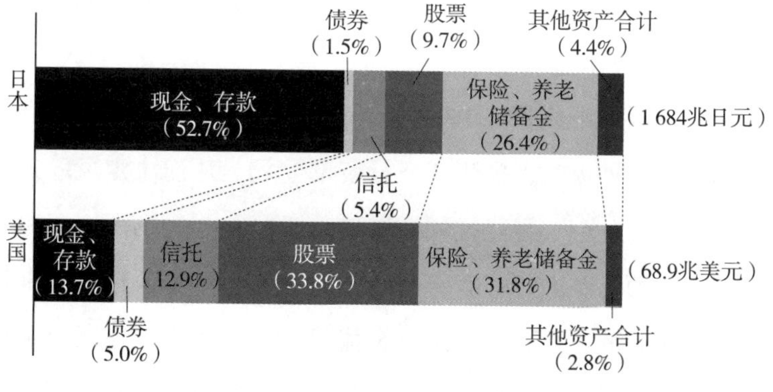

日本	现金、存款（52.7%）	债券（1.5%）	信托（5.4%）	股票（9.7%）	保险、养老储备金（26.4%）	其他资产合计（4.4%）	（1684兆日元）
美国	现金、存款（13.7%）	债券（5.0%）	信托（12.9%）	股票（33.8%）	保险、养老储备金（31.8%）	其他资产合计（2.8%）	（68.9兆美元）

图4.1　日美家庭资产的配置结构

注：由于四舍五入，各项资产合计可能不等于100%。

美国的文化是个人资产管理由自己判断，进行积极投资。虽说如此，一般人通常并不具备丰富的投资知识或技能。在这方面，人类投资顾问能够弥补常人知识或经验的欠缺。

智能投顾决定资产分配

金融科技企业的智能投顾通过网络以低资费、高业绩为武器，杀进了美国资产管理界。智能投顾的手续费远比人类投资顾问便宜，由于所属公司不同其水平也不相同，费用差不多是人类投资顾问的 1/4 或 1/3。更为重要的是，一部分智能投顾的投资管理发挥出比市场所有投资业绩都优秀的成效。

智能投顾的鼻祖是金融科技企业 Betterment 公司，它于 2010 年开始运营。第二年其竞争对手 Wealthfront 平台开始运营。现在这两家公司都成了智能投顾的实力型公司。此后，多家风投公司参与到智能投顾商业之中。

智能投顾是由机器人在网页上进行投资目标、风险承受度、投资期间等各种提问，推测客户投资的立场，从而决定风险资产与安全资产的分配。智能投顾的提问举例如表 4.1 所示。

智能投顾瞄准的目标客户群是不具有太多资产、从未咨询过人类投资顾问的人群。可以说，智能投顾将管理服务拓展至平民百姓。这种状况下，人类投资顾问认为目标客户群不同，所以没有太大的危机感。

表 4.1　智能投顾的提问举例

	提问	回答选项
例 1	世界股票市场常常出现波动，您的投资资产在股票下跌的情况下，如果 1 个月间缩水 10%，您会怎么办	①卖出所有投资资产 ②少量卖出 ③维持 ④增加买入
例 2	您的家人或亲戚朋友认为您是怎样一个人	①谨慎的人 ②冒险家 ③居中者
例 3	您怎么看下面的想法"假如预计有大的回报，即使遭受市场价值大幅下跌的打击也没关系"	①完全不同意 ②无法认同 ③同意 ④强烈同意

交由智能投顾打理的资金自 2014 年起激增，渐渐地高净值客户也开始利用智能投顾。其中有好几个理由：首先，智能投顾不单单是替代人类投资顾问的廉价服务，还能看到其优秀的投资业绩；其次，有的人类投资顾问有这样的负面动机，为了谋取自身的手续费，不一定站在客户立场上给出最佳建议；最后，人类投资顾问出于某些认识偏见，会忽略重大信息，或过于夸大细微信息等，即从纯粹的资产管理角度来讲，人类容易受感情或不确切的记忆左右，而机器人则要稳定得多。

Betterment 公司的商业模式

接下来以智能投顾的鼻祖——Betterment 公司为例，介绍一下金融科技企业智能投顾的服务内容。

Betterment 公司的资产管理特征是，根据投资者的投资目的和所处的生命周期，改变资金在风险资产（股票）和相对安全且容易确定现金流量的资产（债券）之间的分配。投资目的由投资者在网页上按键选择，基本有 4 种分类，如表 4.2 所示。

表 4.2　Betterment 公司的投资目的分类

投资目的	资金性质	投资手法
获得退休后资金	有一个明确的目标金额，但所有资金并不是退休后马上需要	如投资者接近退休年龄，慢慢减少股票比例，将大部分资金用于债券投资
增加资产	没有明确的目标金额，只是想增加资产	投资者即使到了退休年龄，投资股票的比例仍保持在 55% 以上
为了某种目的储蓄	如储备购房资金、教育费用等	达到储蓄目标后，资金全部投资相对安全的资产
提供安全保障	作为以防万一的资金	投资股票的比例固定在 30%

Betterment 公司以获得退休后资金为目的的资产管理中投资股票的比例如图 4.2 所示。投资者处于 20~45 岁时，投资股票的比例占 90%，然后慢慢降低比例，投资者到了 80 岁时，投资股票的比例为 30%。

Betterment 公司的资产配置不仅考虑投资者的投资目的，还会考虑投资者的风险承受能力。也就是说，即使是相同的投资目的，风险承受能力低的投资者债券投资比例高，敢于冒险的投资者股票投资比例高。

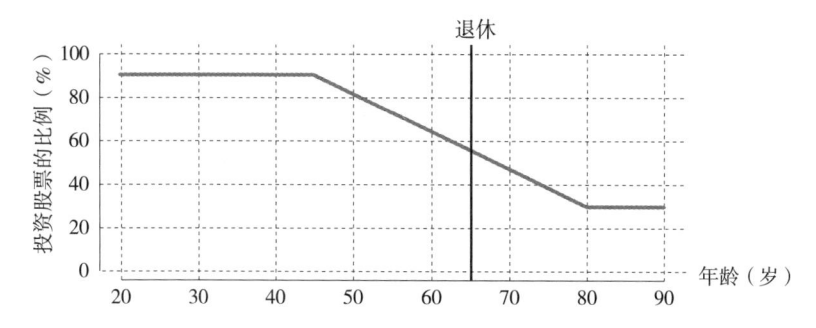

图 4.2　Betterment 公司以获得退休后资金为目的的
资产管理中投资股票的比例

以 Betterment 公司为首，几乎所有的智能投顾都会调整资产出售的时机，使得利润和损失在同一会计年度相抵销，不会产生多余的税金支出，这也是智能投顾的卖点之一。

资产组合模型的结构

智能投顾除了根据每一位投资者的个性和其所处的生命周期决定股票和债券资产分配外，还有另一项重要工作，那就是决定怎样构成资产组合模型。因为即使股票与债券的分配比例合适，实际投资时资产组合模型的成效如果不好，资产交给智能投顾管理也没有意义。

一般智能投顾在实际资产管理中利用 ETF 进行投资。ETF 与标普 500 指数及日经平均股价指数联动，实际上可以获得指数投资般的效果。ETF 不单纯是与整体市场联动，还与小型股指数或成长股指数等各种各样的指数联动。智能投顾利用 ETF 的理由是其手续费低、流动性高、便于操作。

智能投顾利用全球股票或债券 ETF 构建资产组合模型，其中的风险资产除股票外，还有不动产或能源等。表 4.3 所示是美国资产组合模型所利用的典型性 ETF。

表 4.3 美国资产组合模型所利用的典型 ETF

美国股票	股票指数 ETF、大型股 ETF、中型股 ETF、小型股 ETF
海外股票	发达国家股票 ETF、发展中国家股票 ETF
美国债券	美国国债 ETF、通胀联动债券 ETF
海外债券	发达国家债券 ETF、新兴国家债券 ETF
其他	不动产 ETF、能源 ETF

资产组合模型的风险与回报关系评测采用了 1952 年哈里·马科维茨（Harry Markowitz）提出的证券组合理论，具体分配采用了 1990 年开发的叫作布莱克—林特曼（Black-Litterman）的模型，该模型可预期未来收益，甚至从风险管理角度，通过情景分析尽可能降低最大损失额，常常被用于养老金投资管理中。这种资产组合的构建方法其实与大型投资机构的养老金管理几乎相同。从这个意义上来讲，新兴的智能投顾使原来未接触过专业投资管理的客户也能受益于投资机构的投资诀窍和知识。

陆续进军智能投顾业务的投资界大鳄

看到 Betterment 等风投公司的成功后，原来的网络证券或投资公司于2015年前后陆续加入智能投顾业务中，最早决定加入的是大型网络证券经纪商嘉信理财（Charles Schwab）。

嘉信理财几十年来一直尝试预测美国证券公司的态势，是一家非常有趣的公司。该公司成立于1971年，是以较低佣金为武器的折扣经纪商的先驱，并很快发展成该领域最大的公司，此后随着经营环境的变化灵活地改变商业模式。嘉信理财的最大变化是于1995年在保留原有门店业务的同时，专注于网络交易，占据了网络证券市场的一隅。另外，嘉信理财通过与几千位独立的（人类）投资顾问（日本称作"理财规划师"）签订合约，吸引了众多的养老金资产管理客户。

嘉信理财于2015年春天开始启动智能投顾业务，瞬间就扩大了资产管理规模，其管理的资产第一年就超出了50亿美元，此规模超出了智能投顾专业公司Betterment。

紧跟着嘉信理财，资产管理界巨人黑岩集团（BlackRock）和先锋集团（Vanguard Group）也决定参与智能投顾业务。这两家公司作为资产管理公司，分别位居世界第一位和第二位。黑岩集团管理的资产多得令人咋舌，有4.6兆美元（按1美元兑110日元换算为506兆日元），在投资界可以说令人生畏。黑岩集团于2015年8月公开宣布收购金融科技企业智能投顾公司FutureAdvisor，而先锋集团于2015年独自开展智能投顾业务。

当然，各公司的智能投顾服务内容各有特色。例如，Betterment公司及Wealthfront平台只有机器人服务，而黑岩集团和先锋集团是机器人与人类两者相结合的服务模式。黑岩集团和先锋集团设想的客户群是比Betterment公司客户群稍富裕的群体。此外，各种服务在细节上也不尽相同。

智能投顾的市场规模在2012年时几乎为0，在2014年年底扩大至190亿美元，由于一些已具规模的投资界巨鳄加入，可以预想今后将呈指数式增长。根据科尔尼管理咨询公司（A. T. Kearney）2015年的预测，2020年智能投顾管理资产的规模将达到2.2兆美元（按1美元兑110日元换算是242兆日元），如图4.3所示。City公司则做出了另一种预测，智能投顾管理资产的规模几年后将达到5兆美元。

图4.3 智能投顾管理资产的规模

注：由于四舍五入资产规模的加总可能不等于非投资资产的规模与投资资产的规模之和。

人工智能的活用成为竞争的关键

在参与者不断增加的智能投顾商业中，竞争的焦点非常明确，那就是怎样灵活并合理地分析每个客户的特性及生命周期，还有就是怎样构建优秀的资产组合模型这两点。因此，合适的顾问和高投资成效最为重要。在这种竞争中,与其他公司形成差异的手段就是运用引人注目的人工智能,通过大数据机器学习进行分析。

2016年3月,理财平台Wealthfront的首席执行官表明了智能投顾的方向,他说可以利用人工智能观察平台个人账户动向,从而为客户提供更适合的投资建议。即通过大数据获取客户特性信息,通过这种方式获取信息比总结客户对问题的回答更为细致、准确。可以说,这与近年零售业等领域中活用大数据的目的几乎相同。Wealthfront平台的竞争对手Betterment公司也是从很早时候就开始对大数据分析抱有很高的关注度。

活用人工智能的另一个重要目的就是运用优秀资产组合模型提高回报率。在这方面,也许那些已进行了巨额先行投资的资产管理界大佬具有压倒性优势。从2015年年底起,世界最大投资公司黑岩集团与谷歌子公司DeepMind接触,商讨成立合资子公司的报道频频见诸报端。关于DeepMind公司,下一章将做详细说明,该公司通过阿尔法狗研究震惊了世界,是现在世界上拥有最先进人工智能技术的公司之一。

黑岩集团与DeepMind公司合作,是想活用最高人工智能技术实现大飞跃。

被称作"聪明贝塔策略"的自动管理盛行

新参与到智能投顾业务中的黑岩集团和先锋集团是以政府养

老金、企业养老金等投资机构及比较富裕的个人为主要客户的资产管理行业巨人。其目标客户定位是投资于对冲基金的投资家与 DeepMind 公司目标客户群普通百姓之间的中间层。从资金规模上讲，这一阶层最大。

在政府养老金及企业养老金管理等方面，其实早在智能投顾出现之前，资产管理界就有人类资产管理者被驱逐的趋势。促使这一趋势加速的是近年开始流行的聪明贝塔策略。1965 年由威廉·夏普（William Sharpe）提出的 CAPM 理论，如今已成为投资界的一大支柱理论。CAPM 理论认为，由整体市场资产的加权平均构成的资产组合（市场资产组合）是最合适的资产组合，它与1970 年尤金·法玛（Eugene Fama）提出的有效市场假说互相作用，使与被动管理这一股票指数联动的自动管理方法盛行。因为人们认为与人工选择投资标的相比，根据指数自动投资获得的回报更为良好，从而不再需要人工资产管理者。

法玛在 1973 年与芝加哥大学的同事肯尼斯·弗伦奇（Kenneth Frech）共同发表了更进一步推动被动管理策略的论文，并构建了三因子模型。

更聪明地利用溢价，高效管理资产是聪明贝塔策略的目的。聪明的意思是组合几种异常现象，创建并利用优良业绩的股价指数；高效的意思是原来由人工选择投资标的，改换成由与指数挂钩的机器人管理。

第4章
资产管理中人类无法战胜机器人

寻求大数据带来的追加性溢价

如果按我个人预言，今后要获得聪明贝塔等资产管理策略的追加性溢价，采用大数据分析将会成为主流。使用机器学习这一人工智能手法的大数据分析，近年来被广泛地应用于超市顾客的行为模式分析、交通拥堵分析，以及医疗、农业等领域，这一点读者可能已经意识到。机器学习是将大量数据分类，读取数据间的关联性和行为动向模式的技术。

聪明贝塔策略的原点就是三因子模型，从现在来看，该模型的统计分析方法比较简单，采用过去有限的数据，通过分析各因素与回报之间的关系得出结果。该统计分析方法用于确认（证实）人类假设的目标。近年的数据分析通常利用机器学习，机器可任意将大量数据分级，或找出很多资产组合间的关系。机器自动读取数据的各个特性这点非常重要，通过这种研究，可以揭示人类想不到的数据间的关联，以及现有技术手段无法分析的复杂关系。机器学习与20世纪的数据分析相比，有了绝对性进步。

黑岩集团希望与DeepMind公司合作也许正是出于这些理由。他们期待DeepMind这种拥有突出能力的公司，可以发现竞争对手意想不到的市场模式，他们就可以利用创新的市场模式找到压倒竞争对手的人工智能投资战略。黑岩集团利用最先进的人工智能这一动向不仅影响着对冲基金公司，而且波及一般性投资公司。

通过大数据可以分析市场模式、控制风险、寻求追加性溢价，这点与机器人交易员完全相同。机器人交易员巧妙地调整构成市场资产组合的 ETF 分配，寻找可得到的溢价。因此，一部分金融科技企业希望通过机器学习的方法构建高效的市场资产组合。

人类资产管理者及投资顾问还能发挥的作用

1967 年，著名的经济学家保罗·萨缪尔森（Paul Samuelson）发表了他著名的讲话："掷骰子也好，随机抽取数字或者是投飞镖也好，无论哪种方法，在选择投资股票时，都能比专业资产管理者获得更好的业绩。"此后，伯顿·马尔基尔（Burton Malkiel）在他的畅销书《漫步华尔街》（*A Random Walk Down Wall Street*）中也做出了类似比喻"蒙着眼睛的猴子掷飞镖"。不管怎么说，从 20 世纪中期开始，资产管理行业的一些人对人类的经验和直觉究竟是否有用开始产生怀疑。

萨缪尔森发表上述讲话后的半个世纪，在股票管理方面，有效的人类资产管理者呈现减少的趋势，在这之前人类资产管理者一直与被动式管理共存。近年来，机器人管理逐渐兴起，这一浪潮给人类资产管理者带来了冲击。

从受到机器人威胁的严重程度来讲，受智能投顾冲击的人类投资顾问首当其冲。美国数万名人类投资顾问面临智能投顾急剧增加的严峻现实。当然也有客户愿意接受人类投资顾问而不是机器人，不习惯计算机操作的人也不少，所以并不是说人类投资顾问的饭碗马上就会丢失。但是，抛开与客户谈话的技巧，仅论重要的投资建议，与优秀的智能投顾相比能提供有价值建议的人类投资顾问还不是太多。

人类投资顾问要想在这样的环境中生存下去，可能仅限于熟知智能投顾投资缺点等知识的一小部分专业人士，或是靠与客户沟通赚取高额手续费的投资顾问。

无论如何，资产管理行业是最先受到机器人化浪潮冲击的行业。此行业今后发生的事和人类与机器人互抢阵地等，或许能为其他行业提供宝贵的参考案例。

证券公司的存在受到威胁

随着各种金融业务机器人化的发展，行业存在受到威胁的是无法摆脱传统商业模式的证券公司。其中的理由有很多：一是证券公司大量雇用人类资产管理者，由于金融科技企业或资产管理公司的智能投顾化，这些人类资产管理者的工作受到威胁。二是证券公司作为造市商的地位急剧下降。原来作为证券公司客户的资产管理公司或对冲基金公司给证券公司带来股票或债券订单，近年来它们自己引进了包括超高速机器人在内的机器人交易员，不仅自己执行交易，还正式参与造市商业务。雷曼冲击后的相关法规监管更严，这对证券公司来说也是强劲的逆风。雷曼冲击后，高盛集团等多家华尔街证券公司摇身一变成为银行，躲进监督当局的"保护伞"中。但是，由于此后严厉的资本法规出台，大额持仓交易变得更难，造市商业务也愈加艰难。

甚至证券公司具有的信息优势，也受到新兴金融科技企业的威胁。原本证券公司最有力的武器之一就是信息，它们积累了大量与市场、经济及公司相关的数据，由大量人类分析家分析，确保其投资及资产管理在信息方面具有优势，或者显示其优势。但是，随着金融科技企业及资产管理公司使用大数据进行各种分析的时代到来，在信息量和分析能力这两方面，证券公司正在失去其优势。

第5章

改变世界的人工智能的进化

破译德军"恩尼格码"的"传奇"

　　本章将讨论正在使金融业产生巨大变化的最新技术，并以人工智能迄今为止取得的进步与今后的可能性为中心进行说明。最后，本章还简单地介绍了比特币及区块链技术。人工智能之所以对金融业如此重要，是因为金融业是基于市场价格、经济和财务指标等数字类数据的行业。金融业的这一性质，使得其成为使用人工智能进行大数据分析最为理想的对象。更进一步说，近年来的人工智能技术由于采用了与20世纪完全不同的方法，获得了长足进步，并且能够改变今后的金融业。

　　在说明人工智能的历史及其如何被应用于金融业之前，我想先介绍一下人工智能领域的先驱人物——英国悲剧天才艾伦·麦席森·图灵（Alan Mathison Turing）。不知各位读者是否听说过第二次世界大战中德军曾使用过的代号为"恩尼格码"的有名密码。恩尼格码是1918年被发明的具有天文级复杂度的密码，在第二次世界大战中，它被再次加工，使得破译更加困难。德军对该密码极为信赖，一直使用到第二次世界大战结束。

被人工智能操控的金融业

而破译恩尼格码的，正是天才数学家图灵，同时他还是现代计算机原型"图灵机"的设计者。据说由于恩尼格码的成功破译，第二次世界大战的结束整整提前了两年。恩尼格码之所以难以破译，是因为解读恩尼格码的键每天都在变化，变化的可能性有 10 的 20 次方（1 万亿的 1 亿倍）以上。如此复杂的密码如果采用暴力破译法的话不仅人力难以企及，即使使用现在的超级计算机也难以破译。图灵在大幅缩小了破译所必要的作业范围后，使用了一种叫作"Bombe"的机器进行高速破译。Bombe 与现代的电子计算机不同，它是采用模拟器电路的机器。有了这台机器，再加上从德军处获取的情报，虽然需要花一点时间，但是破译恩尼格码在很大程度上成为可能。

图灵还对 Bombe 进行了改进，通过在理论结构中运用贝叶斯定理，制造了由多达 2 500 根真空管组成的大型机器"传奇"。贝叶斯定理现在仍然在人工智能领域发挥着重要的作用。"传奇"在诺曼底登陆前不久被制造完成。尽管与现在的计算机原理不同，但是"传奇"作为能够进行极大规模高速运算的全电子化机器，也有人将其称为世界上的第一台计算机。

就这样，英国成功破译了德国的密码。但是由于丘吉尔（Churchill）首相担心机器制造技术被他国知晓，于是在第二次世界大战结束后将"传奇"摧毁，并且要求相关人员保守秘密 30 年以上。"传奇"的存在被世人知晓是 21 世纪之后的事。

第5章
改变世界的人工智能的进化

判断机器思考能力的图灵测试

美国在第二次世界大战前就开始进行有别于英国的计算机开发。1946年,在宾夕法尼亚大学,为美国陆军准备的被称为"ENIAC"的计算机诞生了。一般认为,这是世界上第一台电子计算机。ENIAC不同于日后普及的基于二进制的诺依曼型计算机,它是基于十进制的理论回路型计算机。它由17 000多根真空管与7 200多根二极管等构成,长度超过30米,重达27吨,是一个名副其实的庞然大物。

现在被广泛使用的基于二进制内置程序的诺依曼型计算机,其理论基础源于匈牙利天才约翰·冯·诺依曼(John von Neuman)于1945年公开的报告。图灵也是在第二次世界大战后进行计算机研究,并在1946年2月公开了关于诺伊曼型计算机的论文。该论文与诺依曼的论文相比,完成度更高,更加详细。计算机的开发在美国与英国同时进行着。1949年,在英国的剑桥大学,EDSAC诞生,它获得了世界上第一台实用型诺伊曼型计算机的称号。

在电子计算机首次出现的1950年,图灵发表了预言计算机未来的著名论文。该论文主要讨论了机器的智慧,并且提出了判断"机器能否思考"的测试方法。测试的过程为:让人类与机器A以及人类B对话,对话时,人类无法看到对方是机器还是人类,以测试人类能否判断A与B哪一方为机器。如果人类无法做

被人工智能操控的金融业

出正确判断，也就是说，无法发现机器在模仿人类，那么就可以认为机器已经在"思考"了。此后，该测试被称为图灵测试，成为有关人工智能能力的有名测试。

当时，电子计算机的出现引起了社会的高度关注，关于机器能进步到何种程度的议论也变得非常流行。如何测试机器的进步程度，这并不是一项简单的工作。人类与机器各有各的长处与短处，盲目比较并没有太大意义。

图灵则认为机器是否能像人类一样思考是一项有意义的比较，并且提出了具体方法。图灵表示这项测试对机器来说是明显不利的。原因在于，在这项测试中，并不是仅针对计算能力等计算机具有压倒性优势的方面提出问题，而是要求计算机模仿人类，这对计算机来说，是一道难题。通过阅读图灵的论文，可以看出他确信机器将在不久之后实现自主学习。

事实上，能通过图灵测试的人工智能在很长一段时间里并没有出现，但是在 2014 年，有消息说该测试已经有人工智能通过。俄罗斯人的一项人工智能被设定为 13 岁的少年，30% 以上的审查员表示将其与人类混淆了。虽然关于图灵测试是否已经有人工智能通过，尚有很多争议，其结果并不明确，但是图灵的预言确切地变成现实的那一天，应该已经不远了吧！

图灵的成就远远超越了时代，在当时没能得到公正的评价。但是，近年来他的成就正在被迅速地重新认识。2014 年，电影《模仿游戏》（*The Imitation Game*）公映，成了当时的话题。

第5章
改变世界的人工智能的进化

自达特茅斯会议后兴起的人工智能热潮

1956年，即图灵去世后两年，达特茅斯会议将"人工智能"一词固定了下来，人工智能也成为一个学术领域，此后部分研究成果得到了共享，并且与现在的研究课题有着直接联系的研究也开始进行。

以达特茅斯会议为契机，人工智能迎来了第一次热潮。但是之后的人工智能研究则是"热潮"与"寒冬"交替。根据多数研究者的分类，现在属于第三次人工智能热潮的正中心。人工智能的三次热潮见表5.1。

表5.1 人工智能的三次热潮

	时期	主要探索
第一次热潮	20世纪50年代后半期至70年代初期	• 通过搜索树进行迷宫路线探索及谜题的解答 • 数学定理的证明
第二次热潮	20世纪80年代	• 专家系统 • 模糊理论
第三次热潮	2012年起	• 机器学习 • 神经网络 • 深度学习

20世纪50年代后半期至70年代初期出现了第一次人工智能热潮，这一时期被称为"推论·探索的时代"或"智能的时代"，模仿人脑运行的研究可以说非常符合人工智能这一名称，虽然进

被人工智能操控的金融业

行了一些这方面的研究，但是离获得有实用价值的成果还相距甚远。

之后，人工智能的研究方向转变为在国际象棋与迷宫游戏中，利用计算机研究哪种选择才是最优解。例如，在国际象棋或将棋这样的游戏中，人工智能能够连续反复计算从有限个数的选项中找出哪一个才是最优解。由于这种方法从像树枝一样不断分叉展开的选项模式中找出最优解，因此这也被称作搜索树。如果能够一个不落地确认搜索树的所有可能性，那么就能够找到最优解。然而，当可选项过多以至无法确认全部可能性的情况下，这种方法则需要进行一些改进。

这种搜索树研究因为只是遵照人类设定的公式或推论，通过理论与结果之间的运算法则发挥作用，因此我个人认为，将之称作人工智能有些夸张。这种研究在游戏一类数量不多、计算量并不大的模式中尚且有效，但是当模式数量更加复杂，或者涉及问题过于分散以至于无法具体分类时，它则难以应对。再者，当时计算机性能较差，普及程度也并不广泛。因此，第一次人工智能热潮便退去了。

人工智能再一次受到关注是在20世纪80年代。当时，对于专家系统的期待非常高。所谓的专家系统是指：原本需要专家做的工作由机器代为进行。专家系统的特点是将专家的知识进行规则化以便活用。专家系统的应用尝试不但在医疗、会计等领域进行，在金融业也不例外。其对于金融方面的作用，下文会进行说明。但是由于专家系统的利用在20世纪90年代被认为已经达到极限，因此人工智能再次进入"冬季"。

20 世纪主流人工智能的特征为，原则上以人类设定的公式、推论及规则为基础，根据既定运算法则使机器工作。类似这些尝试与研究，虽然被冠以人工智能的名字，但实际上更接近编程。并且，这些研究有其固有局限。

近年来人工智能的第三次热潮伴随着机器学习被称为"（智能）代理人的时代"。这里所说的代理人是指在应对环境变化的同时，具备自行学习能力的软件。

金融业内专家系统的运用

20 世纪 80 年代到 90 年代初，在专家系统正当热潮的时代，人工智能也被广泛应用于金融业。

专家系统将专业知识以多种多样的规则群（知识群）的形式保存。例如，将头痛发热等多种症状与流感等具体病名相结合，根据患者的具体症状推断患何种疾病。在金融业，专家系统也被尝试用于交易、市场分析、防止洗钱等方面。例如，专家系统在应用于交易时，将各种各样的图表分析法与基于这些分析法的市场变化预测相结合。将规则与结论相结合的是推论，相当于专家系统的大脑，是智能的核心部分。

金融业成功利用专家系统的公司是 ATD。ATD 公司根据大量的市场数据，预测出 30 秒至 2 分钟后的市场价格变动，并执行限价交易。至于 ATD 公司利用了何种专业知识，虽然它没有明确公开，但是可以认为是由多种图表分析、异常状态应对规则等巧妙

被人工智能操控的金融业

组成的知识系统。

20世纪90年代虽然有了以上这些积极的尝试,但是ATD公司的成功更像是一个例外,专家系统在金融界与医疗界的成功有其局限性。专家系统的缺陷在于,难以在复杂的现实世界中将专家的知识转换成精确度较高的表现。例如,即使仅头痛一项内容,在症状与程度上也是千差万别的,有经验的医师能够分辨细微的症状差距并进行诊断。如果将这一过程通过一些规则与推论逻辑表现,则会非常困难,并且在尝试时会变成一个非常复杂的系统。在金融界,如何对市场发出的各种各样的信号进行重要性判断,以及决定使用何种推理规则等,这些即使对人类来说也并不是一项简单的工作。专家系统需要人为制定规则这一点,与近年来第三次人工智能热潮的尝试有着巨大的不同。

尽管专家系统在医疗、金融等各大领域有了一定的成果,但是并不是人们所期待的重大成果。人们为了将专家系统应用于复杂并且微妙的现实世界,尝试了种种方法,例如将各种知识间的关系进行复杂的设定等(这被称作"概念体系"),但是这些尝试只是将知识系统复杂化、巨大化,并没能得到与努力相符的成果。

20世纪90年代前半期,我在东京银行工作时所属部门的隔壁部门有一个开发小组,该小组采用了美国国债期货交易的专家系统。东京银行进行这项投资,是一个非常果断的决定,并且需要花费时间与金钱进行尝试。在我的记忆中,这次尝试的目的是把各种图表分析与经济指标的市场反应相关知识写入机器,并且试图制造一个优秀的机器人交易员。非常遗憾,我在能够目睹其工作状况前就被调往伦敦，该小组专家系统的应用状况与最终结果不得而知。由于这次尝试在之后完全没有在公司内提及，可想而知应该是没能取得可以实际应用的成果吧。

也许这样的场景人们在世界各大领域都略有耳闻。就这样，20世纪90年代以专家系统为核心的人工智能热潮宣告结束，人们对于人工智能的期待也逐渐下降。

在股票交易和资产管理领域尝试使用人工智能

20世纪90年代初，在股票交易领域，专家系统作为人工智能的应用对象大受欢迎。我手头有一本1994年发行的叫作《优势交易》（*Trading on the Edge*）的英文论文集。该书收集了当时朝气蓬勃的研究者、金融工作人员最先进的交易技术，是一本非常有意思的书，其各部分如下：

第一部分：通过神经网络交易。

第二部分：基于传统的运算法则最优化战略。

第三部分：采用模糊理论的投资组合管理。

第四部分：非线性活动与混乱。

第五部分：风险管理与技术冲击。

该书各部分都刊载了几个人的论文。例如，第一部分就由7个人的论文构成，这些论文的内容主要包括利用了神经网络原理的股价、汇率预测系统。从目录来看，这些被用于股票交易的人工智能不仅仅能预测将来的价格，还能针对各种任务进行多种多样的尝试与研究。表 5.2 总结了在股票交易和资产管理领域使用人工智能的目的。

表 5.2　在股票交易和资产管理领域使用人工智能的目的

目的	说明
进行统计性分析	进行金融商品与指数的历史数据、各种经济指标等基本经济因素数据，以及它们之间的相互关系等的统计分析，从而获得变化性、相关性、趋势、主成分等数据
预测将来价格	将来既包括超短期也包括长期
执行交易	执行大宗交易订单
进行投资组合管理	确定投资组合的类型与资产分配
进行风险管理	根据情况调整头寸大小

关于将来价格的预测，我也有一些个人经验。我 2004 年左右曾经在索尼银行任职，通过熟人介绍，我与模糊理论的研究者有了接触，对方建议我在市场上尝试采用模糊理论时间序列数据中的短期预测模型。如果采用了模糊理论进行时间序列分析，那么隐藏在时间序列数据内部的、无法一眼看出的非线性规律也能被发觉。这一类的尝试与研究实际上已经在上下水道、电力需求预测等方面取得了一定的成果，在市场预测方面据说也有效。

我之前就对这样的理论与尝试感兴趣，并在一年半左右的时间里利用该模型在日本国债期货投资中进行了小额的应用尝试。该模型读取对象商品每日收盘价格数据的规律，并且预测次日该商品的价格变化方向究竟是向上还是向下。从其运用结果来看，平均损益变化不大，但是由于在价格变化较大的日子里该模型不时地采取了相反的头寸，因此它并不是能够让人放心使用的系统。如今回想起来，仅以每天的收盘价格为依据总结市场规律这一尝试还是有些鲁莽。

我还有一个在索尼银行任职期间的经验。我当时负责教育培训一类的工作，指导对象是一位取得了经济物理学博士学位的年轻人。这位年轻人的研究主要是基于外汇 tick 数据（基于协议与行情的数据），使用 logistic 回归的非线性模型（评定模型）认知市场的变动类型。这虽然是一项挺有意思的研究，但是实现基于 tick 数据的交易需要准备超高速机器人交易员这样的基础设备。超高速机器人交易员并不是简简单单就能准备到位，因此，这项尝试就停留在了使用过去的数据模拟表现的阶段。如果日本也有大量尝试使用超高速机器人交易员的对冲基金公司的话，那么他的模型也许有机会得到应用，因此稍有遗憾。

开始发挥威力并被重新审视的贝叶斯定理

人工智能从 20 世纪 90 年代开始进入第二个"冬季"，它再次引起人们的关注是临近 20 世纪末的时候。那时，人们采用贝叶斯定理开发了各种机器学习的利用方法。

贝叶斯定理是图灵在解读恩尼格码的时候曾经应用过的推测方法。该方法需要进行被称作事前分布的一种主观分布设定，是一种较为特殊的统计手法。该分布设定之所以称为"主观"，是因为其并不采用某些明确的理论，而是人为进行一些适当的输入。从适当设定的事前分布出发，采用实际的观测数据，将推测的精度慢慢提升，最终得到一个精度较高的推定值，这就是贝叶斯定理的精髓。这种将精度提升的过程称作贝叶斯更新，是18世纪英国统计学家托马斯·贝叶斯（Thomas Bayes）发表的贝叶斯定理的核心。贝叶斯公式如下：

$$P(A|B) = \frac{P(B|A) \cdot P(A)}{P(B)}$$

注：P（A）是指现象 A 发生的概率。

P（B）是指现象 B 发生后现象 A 发生的概率。

贝叶斯定理由于需要进行主观的事前分布设定，因此在统计学界长期被视作异端。其原因在于，需要进行主观设定的研究与自勒内·笛卡儿（René Descartes）以来的传统性、演绎性的科学哲学背道而驰，因此被当时的主流统计学界所厌恶。即使贝叶斯定理在图灵的密码破译中发挥了重要作用，但是古板的科学哲学依然被放在优先位置。这样的情况一直持续到最近，在 20 世纪 80 年代的大学数学教育里，还会很明显地感觉到这样的倾向。

对贝叶斯定理的顽固偏见之所以能够得到改善，是因为随着计算机的性能增强以及可以利用的数据增加，贝叶斯定理的威力逐渐显现。这样的趋势其实在 20 世纪 90 年代就已经萌芽，但是形成趋势是进入 21 世纪以后。贝叶斯定理在人工智能领域引入了机器学习。

贝叶斯定理的特征是事前不假设结论，而是通过能够得到的信息进行分析，导出分析对象真正的统计性质。与此相对，20世纪主流统计学与人工智能的研究方法是通过人类的知识与经验，事先由人类决定为了得到结论所需要的材料。20世纪的人工智能研究几乎不需要贝叶斯式的想法，而21世纪的人工智能研究则不需要通过人类的知识与经验，而是由机器自主选择数据进行学习，也可以说是由机器通过数据的特性进行归纳性学习。

机器学习——自行学习的人工智能

应用贝叶斯定理的思想，近年来发展最为明显的是被称为机器学习的人工智能研究。所谓机器学习，是指机器通过反复学习进行预测，原本是作为识别技术之一发展而来的。例如，微软从20世纪90年代初开始，为了开发语音识别与语言模型着手研究机器学习。虽说机器学习是指机器反复学习，但是其学习所用的探索方法以及计算的算法种类是非常多样化的，这也是机器学习的特征。机器学习方法根据使用教师示范的程度，可以分为如表5.3所示的种类。

在这些分类中，应用在股票交易等方面的主要有有教师学习法与强化学习法。有教师学习法将过去的市场动态作为示范数据使用。强化学习法的特征是从现在的状况通过反复检验导出最优解，可以应用于各种游戏攻略等。由于股票交易也可以看作一种游戏，所以强化学习法非常适合。

表5.3 机器学习方法的分类

分类	说明
有教师学习法	给出与输入内容相对应的正确答案示范，学习导出正确答案的方法
无教师学习法	从没有正确答案的大量数据中，找出隐藏在其中的规律
半教师学习法	介于有教师学习法与无教师学习法之间，给出不完全的正确答案数据，从中进行学习
强化学习法	虽然没有给出正确答案，但是能够对选择的答案进行优劣判断，从中选出最优解。强化学习法应用于环境与概率不断变化的情况，通过反复检验得出最优解

机器学习除了可以根据教师的有无这一切入口分类，还可以根据使用的运算法则分类。表5.4列示了机器学习的主要算法。

表5.4中给出的算法仅仅是从大量的机器学习算法中挑选出的几种主要算法，实际上还有大量的其他算法。对这些多种多样的算法进行具体设定，就产生了无数种选择。说到这里，想必读者应该明白了，机器学习说起来简单，实际上它包含了大量并且多样的内容。人工智能的研究者与使用者根据不同的目的，采用统计或者其他领域的手法，反复检验和尝试以得出更好的结果。

在几乎所有的机器学习算法中，贝叶斯定理都以某种形式存在。贝叶斯网络的运算法则本身就十分依赖贝叶斯定理。

自从机器学习开始流行以来，人工智能的功能与角色就发生了戏剧性的变化。之前所说的人工智能虽然也被称作人工智能，但实际上只不过是根据人类的编程在运行。而机器学习则是机器

表 5.4 机器学习的主要算法

算法	说明
梯度下降法	梯度下降法是各种机器学习的基本方法，被用于误差最小化等通过数值解析的方法求出最优解的情况
决策树	决策树是指为了进行决策而制作的图表，被用于制订计划以实现目标。决策树主要被用于有教师学习法
支持向量机（SVM）	支持向量机主要被用于有教师学习法的非线性回归分析。该模型识别能力非常强，也可进行大数据分析等
贝叶斯网络	贝叶斯网络结合了贝叶斯定理与图表结构的算法，可在信息不确定的环境中进行预测。其主要被用于有教师学习法，但有时也被用于无教师学习法
Q 学习	Q 学习被用于强化学习。其利用马尔可夫决策过程，为了采取最优行动而不断学习
神经网络	神经网络是以在计算机上模拟并表现大脑功能特性为目标的数学模型。有教师学习法与无教师学习法都采用神经网络进行学习
深度学习	深度学习是指采用多层神经网络的机器学习。近年来开发出了深度学习划时代的利用方法，深度学习成为备受瞩目的技术。以往的机器学习是由人类给出被称为特征量的参数，但是在深度学习中机器自身能够学习特征量。深度学习被用于有教师学习法、无教师学习法中
深度强化学习	深度强化学习是指多层强化学习（特别是 Q 学习），其始于 DeepMind 公司开发的深度 Q 学习（DQN）

根据给出的数据自主进行学习。虽然机器在怎样的框架中进行学

习是由人类决定的，但是关于机器具体如何学习，人类无法得知的部分正在变得越来越多。

将棋软件引进机器学习后

能展现机器学习威力的一个例子是将棋软件。对于将棋软件来说，随着棋局的进展，会出现无数的局面，判断这些局面对自己在多大程度上不利或有利是一个非常重要的环节。因为如果能够准确判断的话，那么就能预测下一步能在多大程度上有利于自己。像这样将局面的有利与不利程度用数值来表示的过程叫作局面评价。

在将棋软件的开发历史中，很长一段时间里都是通过人类手动作业来设定复杂的局面评价关联系数。但是，在2005年，一款叫作Bonanza的软件横空出世，它在局面评价中导入了机器学习。Bonanza是当时在加拿大多伦多进行物理、化学研究的保木邦仁开发的软件。该软件在公开不久后，便在非正式场合击败职业选手，加上其他事迹，该软件在将棋界立即得到了很高的评价。2006年，Bonanza在世界计算机将棋大会上首次出场并获得了胜利。其在2007年与渡边龙王进行的对战，成为当时的话题。

将棋软件的基本原理是将能够考虑到的所有可能性逐个搜索并进行预判。但是，将棋的棋盘有81（9×9）格，加上选手手头的棋子，局面的可能性更多，将其全部进行判断是不可能的。因此，诸多的将棋软件通过一种名为"修剪"的策略，也就是尽可能跳过那些没有搜索判断必要的可能性，将搜索项目大幅减少。将棋软件的强弱在很大程度上依赖搜索的效率高低、合理的局面评价，以及两者的结合程度。

在 Bonanza 之前的将棋软件的局面评价通过被称为评价函数的公式表现棋子的得失状况、王将位置，以及周边棋子的布局等诸多特征。其公式的参数由将棋高手进行调整。Bonanza 强大的秘密在于，其评价函数的参数调整采用了机器学习。Bonanza 将专业对局等 6 万多棋谱作为教师示范进行机器学习，推导出了 1 万多的参数。通过这些参数，局面评价的精确度得到了极大提高。

Bonanza 采用的参数机器学习方法叫作比较评价（comparison training），该方法原本用于国际象棋。该方法的原理是尽可能地选择接近过去教师示范棋谱的走法。也就是说，该方法假设最接近过去教师示范棋谱的走法就是最佳走法。Bonanza 计算最佳参数数值的方法采用了梯度下降法这一最为常用也最为基本的机器学习算法。

Bonanza 的出现给将棋迷们以及人工智能相关人员带来了巨大的冲击。与以往经常出现不自然走法的将棋软件完全不同，Bonanza 犹如人类下棋般的自然手法非常强大。我也是因为受到将棋迷儿子的影响才知道了 Bonanza，对于其准确的局面评价有着深刻的记忆。由于 Bonanza 的开发者保木邦仁公开了 Bonanza 的源代码，因此大量的研究者与学生开始模仿 Bonanza 的手法（后来被称为"Bonanza 法"）并加以改良，以制作将棋与围棋软件，之后强大的软件层出不穷。Bonanza 的登场与其源代码的公开推进了日本人工智能的研究。

大数据和统计性机器学习的威力

由于统计性机器学习方法的戏剧性进化，首先成为可能的是采用大数据的统计分析。关于大数据分析，就像大家所知道的那样，近年来在各大领域受到了巨大关注，其应用领域包括零售业中顾客的行为模式分析、交通堵塞预测、医疗数据分析、天气预报等。进入 21 世纪后，大数据得到如此多的关注，一方面是因为需要分析的数据数量有了指数级的增长，另一方面，数据分析方法与研究方法的改变也是同样重要的因素。

到 20 世纪为止的数据分析需要人类根据直觉与经验，事先设定数据间的某种关联与规则，再进行验证。在统计性分析中先建立假说，再验证假说是否正确的研究方法在很长一段时间里占据主流地位。我在大学期间以及精算师的学习过程中学习的正是该方法。

但是进入 21 世纪以后，数据分析无须人类事先设定因果关系，而是通过分析数据间的相关关系等，从数据本身读取规律。换言之，也就是由数据本身讲述其规律。用于大数据分析的机器学习主要方法见表 5.5。

表 5.5　用于大数据分析的机器学习主要方法

方法	说明
联合分析	联合分析是指通过数据间的相关关系，对其关联性进行分析。联合分析被用于无教师学习法，采用了演绎算法等
聚类分析	聚类分析将数据分为类似的组，被用于无教师学习法，K 平均法等作为算法被使用
分类	分类方法寻找输入数据的所属分类，被用于有教师学习法，支持向量机等作为算法被使用

近年来在大数据分析方面重要性不断提高的是分析数据相关性的联合分析。在分析数据相关性方面，比较有名的算法是 1994 年研发的演绎算法。简单来说，演绎算法是从大量的数据中只抽取出现频率较高的项目，并且通过比较简单的方式高效地算出其相关性。在演绎算法的应用方面，比较有名的是"尿布与啤酒"的案例。研究人员通过分析美国某著名连锁超市的销售记录，发现顾客购买尿布的同时有购买啤酒的倾向。据说这是因为在有婴儿的家庭中，男性往往被派去购买体积较大的尿布，因此顺便也买了啤酒。

在事先没有任何信息可以使用的情况下，需要对顾客进行分类时，可以采用聚类分析。在此对这些运算法则不做展开说明，但几乎所有这些运算则法都以某种形式采用了贝叶斯定理。

像这样基于大数据分析的相关性分类，其结果本身就非常简单明了，应用性极高。其在商业上能促进销售、提高效率，在交通上能减缓堵塞，甚至还能检测犯罪，其应用范围之广，正如读者们所了解的那样。其在金融方面也有应用，如反洗钱等。具体来说，反洗钱是从无数的汇款数据中，利用上述诸多机器学习方法及其组合，搜寻可疑的交易。今后，金融界必然也会像其他产业那样，将这些技术用于客户特性与需求的把握，特别是金融技术企业也许会对这些应用特别积极。

深度学习——差异悬殊的学习

进入 21 世纪后机器学习开始发挥威力，其中再次实现革命性飞跃的是深度学习。深度学习是指采用了多层次神经网络的机器学习，其原理在 20 世纪 80 年代就已经被确立。神经网络作为一个数学模型，其目的在于通过计算机模拟来表现大脑的功能特性。从某种意义上来说，这是最符合人工智能定义的研究。

但是直到最近为止，神经网络都是机器学习中利用价值最低的研究，从而失去了众多研究者的关注。原因在于，到 20 世纪为止神经网络甚至不能在最简单的任务上获得令人满意的结果。

2006 年，在多伦多大学的杰弗里·辛顿（Geoffrey Hinton）教授的推动下，多层次神经网络开发出了划时代的用法，并发挥出了机器学习所不可比拟的威力。以往的机器学习方法很难自行学习一个叫作特征评价的参数，因此人类不得不手动设定，但是深度学习的特征在于能够通过机器学习使得机器自行学习这一参数。这一改变使得机器学习可以灵活地进行不可同日而语的深度学习。

举例来说，刚才说到的将棋软件 Bonanza 虽然能够通过机器学习进行棋局评价，但是王将的位置、周围的棋子、飞车、角行的可活动范围等作为评价棋局的特征，需要开发者保木邦仁自己设定。换言之，一般的机器学习都是由人来设定某些特征以便让机器进行比较与学习。与此相对，谷歌子公司开发的可进行深度学习的围棋软件阿尔法狗，则不需要人类设定特征，只需机器自行反复学习。

基于神经网络的机器学习为何能够令人工智能取得这样的成果，这一点有些难以理解。因为神经网络采用了模仿人类脑神经工作原理的方法。神经网络常常使用大量的神经（突触）节点来学习节点之间的传递，但是由于传递行列有着数量庞大的要素，要理解它们各自意味着什么几乎是不可能的。我们常说"要是能进入那个人的大脑看一下里面如何运作就好了"，然而，即使能够看到，对于这些部分如何发挥作用，我想也是不得而知的。神经网络也是如此。从某种意义上说，也许这才符合人工智能的定义。

深度学习的威力被广泛知晓是由于谷歌在 2012 年发布"猫脸识别"功能。此后，优秀的人工智能技术人员被各方争抢。资金实力极其强大的大型对冲基金公司为了吸引这些技术人员进入自己的后台技术部门工作，展开了激烈的竞争。

DeepMind 公司的深度强化学习

在深度学习与更为先进的方法研究方面，走在世界前沿的公

被人工智能操控的金融业

司之一是2014年被谷歌收购的DeepMind公司。DeepMind公司的创立者兼首席执行官戴密斯·哈萨比斯（Demis Hassabis）1976年出生于英国。其父是塞浦路斯人，其母是新加坡人。哈萨比斯从小就对父亲的爱好——国际象棋产生了兴趣。他在11岁时编写的简易国际象棋软件据说是他与人工智能产生联系的开端。哈萨比斯在2011年创建了DeepMind公司。

哈萨比斯所追求的人工智能与只能根据人类编程内容进行活动的人工智能不同。他在接受《连线》（wired）杂志的采访时，如下说道：

> 当今的人工智能绝大多数只不过是根据编程指示进行活动的计算机而已，我们所追求的是将自行学习能力组合进程序中。那是一种生物学习过程，与现有的人工智能相比更为强大。
>
> DeepMind公司现在从40多个国家召集了100位科学家，研究人员质量之高可以与阿波罗计划及曼哈顿计划相匹敌。

关于"编写具有自行学习能力的程序"，DeepMind公司最关注的是其独创的名为深度强化学习的方法。该方法是将强化学习法进行多层化，并嵌入参数学习中，同时采用了神经网络的深度学习法。所谓强化学习法，是指在没有给出正确答案但能够判断所选择答案的优劣的情况下，选择最优解的学习法。Q学习法是其代表性方法，Q学习法的原理是通过机器的反复检验，在取得良好成绩时给出高的评分（Q值），以此来学习。Q学习法适用于游戏与交易，但是一般的Q学习法在设定状态数过多时会变得不稳定，由于这一问题的存在，它无法被应用在复杂的游戏中。

第 5 章
改变世界的人工智能的进化

　　DeepMind 公司采用的方法则是将 Q 值评价多层化，再使用深度学习使其实现自行学习。与一般的 Q 学习法只有 1 个隐藏层相比，DeepMind 公司采用了具有 3 个隐藏层的强化学习，并将其应用在了电视游戏攻略上，同时还制定了许多用于稳定 Q 学习法的策略。

　　2015 年 2 月，DeepMind 公司在《自然》(*Nature*) 杂志上发表了题为《基于深度强化学习的人类级别控制》的论文。在这篇论文中，介绍了基于深度强化学习的游戏攻略法自动学习结构（见图 5.1），实验机器是名为 Atari 2600 的美国家用游戏机。实验结果为，该机器在 49 种游戏的 43 种中取得了高于当时的人工智能的分数，还在 29 种游戏中取得了专业玩家以上的成绩。

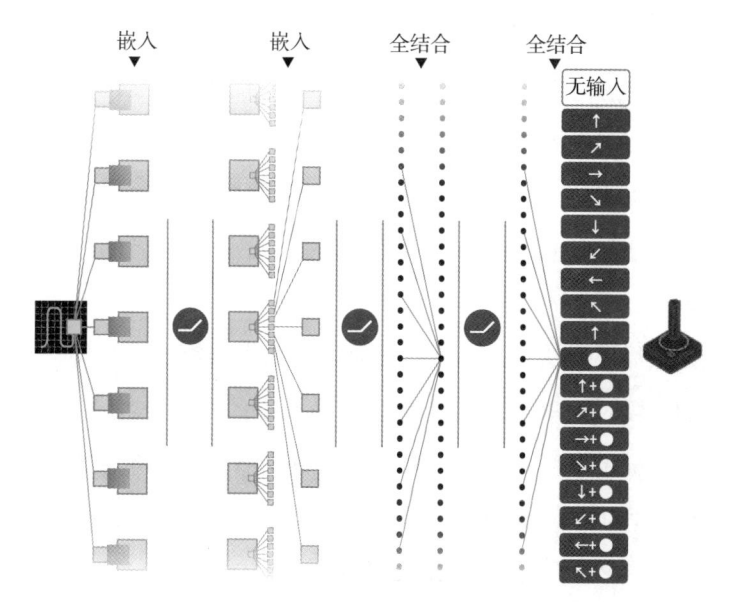

图 5.1　基于深度强化学习的游戏攻略法自动学习结构

深度强化学习在打砖块（Breakout）、吃豆人（Pac-Man）等游戏中与职业玩家对战，刚开始非常弱，但是在进行过程中逐渐变强，几小时后就能超越职业玩家，这样的视频在YouTube网站上被公开，带来了巨大的冲击。可以看到，机器的自主学习能力有了极大进步。

实力与业余高段者持平的围棋软件

我们将话题回到将棋与围棋一类的棋盘游戏。随着能够学习专业选手棋谱的Bonanza的登场，以及其源代码的公开，Bonanza法已经成为将棋软件开发的主流，经过改进的将棋软件纷纷出现。虽然这些研究使得将棋软件对棋局评价的能力逐渐提高，但是同时也使它发展成熟到了一个难以实现飞跃性、戏剧性变化的阶段。换言之，将棋软件对于专业选手的棋谱已经几乎完全掌握，如果继续使用这一学习方法的话，便无法超越过去棋谱的水平。

在棋局可能性多到不可同日而语的围棋世界，计算机软件在很长的一段时间里始终没能胜过业余高手。令人意想不到的是，给这种状况带来巨大变化的是与Bonanza同样在2006年面世的法国围棋软件Crazy Stone。Crazy Stone采用了蒙特卡洛树搜索法（MCTS），获得了可与业余高段位选手匹敌的实力。

蒙特卡洛树搜索法是指在古典的搜索树方法中嵌入被称为蒙特卡洛模拟的基于随机数的反复检验方法。围棋软件与将棋软件不同，围棋的检索空间不但非常广大，而且每个棋子的价值都是不一样的。将棋可以利用 Bonanza 法来进行棋局评价，但是换成围棋就十分困难。因此，围棋转而使用蒙特卡洛树搜索法进行棋局评价。

蒙特卡洛树搜索法像 Bonanza 法一样得到了普及，几乎所有的围棋软件都采用了该方法。近年来，日本也开发了 Zen 等强大的软件，其实力能够与业余高段者持平。但是，即使围棋软件取得了这样的进步，也仍然与顶尖棋手在实力上存在着不小的差距。人工智能击败顶尖围棋高手被认为还需 10 年左右时间。

阿尔法狗的冲击

2016 年 1 月传出了一个令人震惊的消息——DeepMind 公司的阿尔法狗对垒欧洲围棋三连冠专业选手，以 5 战全胜的成绩赢得了胜利。其实该对垒发生在 2015 年 10 月。DeepMind 公司就阿尔法狗采用的探索方法写了一篇详细的报告，并且向《自然》杂志进行了投稿。阿尔法狗还在 2016 年 3 月以 4 胜 1 败的成绩击败了韩国顶尖专业选手，给围棋界带来了冲击。阿尔法狗的走法在负责解说的职业选手看来似乎拙劣，一时难以理解，但在之后被证明实则精妙的情况多次发生。换言之，阿尔法狗创造了在人类棋手看来不合常理的新走法。

阿尔法狗所采用的人工智能手法是在蒙特卡洛树搜索法中嵌入深度学习与深度强化学习。通过深度学习与深度强化学习，促使其学习局面评价（这也被称为"评估局面"）与下一步走子的选择（这也被称为"策略网络"）。最后，阿尔法狗将所学灵活运用。阿尔法狗的三步学习法见表5.6。

表5.6　阿尔法狗的三步学习法

学习步骤	利用手法	内容
第一步	深度学习	使用围棋网页中的过往棋谱数据进行蛮力计算策略 P_π 的学习，以及使用13层卷积神经网络（CNN）进行策略网络 P_α 的学习
第二步	强化学习	使用在第一步中习得的策略网络 P_α，令人工智能与自己对战，通过强化学习法（梯度下降法）改进策略，建立新的策略网络 P_β
第三步	深度强化学习	使用策略网络 P_β，从自我对战的机器下子（棋谱）中回归性学习评估局面 V_θ。第三步利用与第一步相似的神经网络学习法

阿尔法狗三步学习法的第一步是从过去的棋谱中学习，这与Bonanza相同。但是，阿尔法狗不采用人类决定特征量的方法，而是通过被称为卷积神经网络的深度学习使机器能够自主学习。此外，在第三步中，阿尔法狗采用了深度强化学习法，该学习法通过强化学习与机器自主学习，在游戏攻略的学习中取得了巨大成果。这种学习法的特征是，机器之间通过对战变得更强，而不是与人对战。

将棋软件的开发在利用机器对战方面进展得好像并不是很顺利。但阿尔法狗通过与自己对战来学习，能够走出人类一时无法想到的步骤。它大量采用了之前将棋与围棋软件从未使用过的深度学习法。也正因为如此，它才成为震惊世界的新闻。

由于阿尔法狗公开了它的学习流程（见图5.2），因此，可以想象在今后采用相同方法的围棋与将棋软件将会有急速发展。实际上，日本的顶级围棋软件Zen的开发者尾岛阳儿正在寻求DWANGO的合作，计划启动"DeepZenGo项目"，并且制定了在半年到一年的时间里击败阿尔法狗的目标。该项目集合了著名的人工智能研究者及将棋软件开发者，是一个全日本范围的项目。

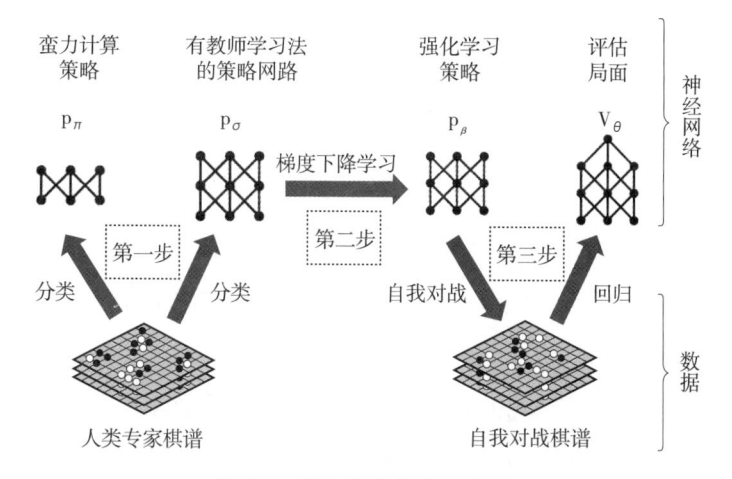

图5.2 阿尔法狗的学习流程

人工智能将在金融市场发挥巨大威力

与将棋、围棋等游戏一起，被用于验证人工智能性能的还有

被人工智能操控的金融业

金融市场。原因在于，人工智能在金融市场的应用就像其在将棋、围棋游戏中一样，其优秀与否非常易于判断。当然，人工智能一旦成功就能获得巨大的经济利益这一点也是其被应用于金融市场的动力之一。

在金融市场，深度学习的利用正处于研究和竞争刚刚开始的阶段，其不可比拟的威力将在未来得以发挥。以前一直被认为没有实际作用的神经网络技术突然之间就获得了巨大的突破，世界范围内的优秀技术人员正处于极端不足的状态。

据我们所知，即便表面上拥有最强的人工智能技术的谷歌，也是直到2015年才开始在搜索引擎中导入深度学习。谷歌之前一直采用的是基于人类设定规则的算法。

正如前文所介绍的那样，一部分对冲基金公司也在逐渐召集深度学习的尖端技术人员。像文艺复兴基金公司与桥水公司这样的超级对冲基金公司，除了学术成果要公开发表这一点，也许正是深度学习最理想的应用环境。毕竟这样的对冲基金公司有着充足的资金，而且很多此类公司的经营者和员工都是非常优秀的研究者。一旦这些公司的研究获得成功，它们就能够获得在其他业界无法想象的巨大经济利益。

深度学习技术如果今后进一步完善，其能力能够发挥到何种程度将难以想象。例如，阿尔法狗在最初阶段的深度学习中采用了13层卷积神经网络，然而为何要选择13层这一数字完全是技术性问题，这是在反复检验中得出的结果。此外，关于适用于卷积神经网络的过滤器数，也是DeepMind公司经过反复试验得出的结果。如果要达到最理想的效果，也许需要使用不同的层数与

第5章
改变世界的人工智能的进化

不同的过滤器数，像这样的反复试验今后将在世界范围内由研究者们进行。

比特币背后的区块链技术

到目前为止我们一直在讨论人工智能的话题，在此我们转换一下视线，对目前在日本受到广泛关注的支持比特币的区块链技术进行介绍。关于区块链的基本结构原理，已经有大量的书籍与杂志进行了介绍，因此在此不做详细说明。简单来说，区块链的基本结构原理就是放弃在数据中心采用大量的硬件与软件对数据进行严密保管的做法，转而采用新的方法，也就是在计算机等设备中通过安装简易的软件，使得数据被分散保管，这样同样的数据能够在大量的地方被共同保存，因此安全性也能得以保证。区块链技术是根据一位叫作中本聪的神秘人物所写的论文而开发出来的。

如果使用了区块链技术，那么就无须投入大量资金与时间去构建一个数据保管中心，同时数据的安全性又能得到保障，这是该技术最大的优点。在金融业务中使用该技术的话，那么之前需要依靠大规模系统来应对的数据类业务（如余额信息等），就能够利用低成本又高效的系统来完成。日本的大型银行对区块链技术特别感兴趣。

但是，区块链技术目前存在重大问题有待解决。如果将数据分散共享的话，那么一旦信息量变大，交易变得频繁时，硬件容

被人工智能操控的金融业

量与设备处理负荷就会变大,这被称为区块链的可量测性问题。由于该问题的存在,采用区块链技术构建的金融服务与功能有其局限性。

如果区块链技术想要获得突破性发展的话,也许还需要一些划时代的技术革新及削减成本以外的应用方法的开拓。

第6章

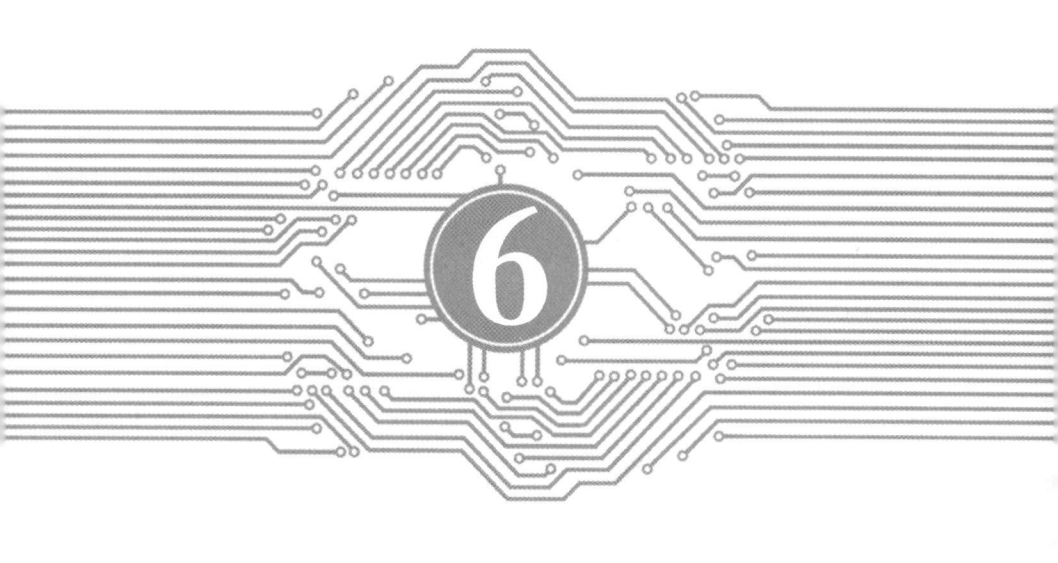

被机器人抢走的金融工作

被机器人化的工作

在本章中，我们探讨另一个问题，也就是通过人工智能与大数据分析技术，将有多少工作会被机器人化。关于机器人与工作有一个有名的研究，在此我们简单介绍一下其内容。英国牛津大学的副教授奥斯本与同事卡尔·弗雷在 2013 年写了一篇论文叫作《职业的未来》。在《职业的未来》中，他们采用机器学习的手法将今后 10 年至 20 年中可能消失的各种各样的职业以数据的形式进行了尝试性计算。

该论文首先介绍了自 18 世纪后半期的工业革命以来技术与雇佣的关系。在工业革命时期，大量手工作业者的劳动变得没有存在的必要。由少量人员在作坊里制作的产品，被工厂以高效的方式生产出来。原来的工人一人需要完成多种作业，但工业化后，工厂的工作被细分，有些劳动不再需要熟练度。

从社会整体来看，随着工业革命以来的技术进步，职业构成发生了戏剧性变化。曾经的农民及匠人变成了工厂劳动者、事务人员与服务业人员。换言之，站在历史的角度上来看，技术进步在夺走一部分工作的同时，也提高了社会整体的生产力，起到了将劳动力转向对生产力要求更高的产业的效果。

20世纪职业构成的转变与这几乎相同，由于高度机械化与计算机的出现，就连需要较高技术的蓝领工作也被夺走了。例如，20世纪前半期，电话接线员到1980年之后几乎销声匿迹，汽车工厂中机器人替代了工人，航空班机通过引入预约系统，预约工作变得不再需要人工操作。计算机化在促进作业高效的同时，也使工作分为需要较高技能的工作与无须太多技能的工作两种。

那么21世纪的情况又变得如何呢？奥斯本认为，由于人工智能与大数据技术的快速发展，21世纪会产生与20世纪完全不同的职业变化。通过利用这些技术，就连以往机器所不能胜任的非规律性工作也将会被机器人替代。换言之，今后甚至连具备较高知识水平的脑力劳动者也会有工作被替代的风险。

近半数职业将会被机器人夺走的可能性大于90％

奥斯本在论文中采用的分析材料是美国劳工部在网上公开的一份名为O'NET的职业分类。O'NET对各种各样的903种职业进行了分类，根据从事某职业时应具备的技能，参考各工种所要求的程度，对各项职业技能进行了评分。例如，对于会话能力这一技能，律师这一职业所需的分数是70，而法律事务所的助手所需的分数只有50分。

奥斯本判断某个工种是否会被机器人替代主要参考以下3个因素，即"知觉与操控""创造性""社交智慧"（见表6.1）。

知觉与操控是指对知觉的灵敏度等知觉技巧；创造性是指创造出原创与艺术性成果的技巧；社交智慧则是指与交涉、说服、关心等能力相关，理解人类的感情并行动的技巧。奥斯本假设，由于大数据的活用，与这3项技能无关的工作将来会被机器人替代。

表6.1 判断某个工种是否会被机器人替代参考的因素

因素	职业技能	内容
知觉与操控	指尖灵敏性	操作与组装极其细小物所需的指尖动作的准确性
	手部灵敏性	操作与组装时所需的快速手部动作与抓握能力
	在狭窄空间采用不自然体位工作	被频繁要求在狭小空间中采用不自然体位工作
创造性	原创性	被给出特定主题与状况时，能提出富有智慧的见解，或者展现出创造性解决问题的能力
	高度艺术性	具有从事音乐、舞蹈、视觉艺术、电视剧、雕刻等相关职业所需的知识与技术
社交智慧	社会视角	理解他人产生反应及探寻反应原因的能力
	交涉	调解意见分歧，团结他人的能力
	说服	说服他人，使他人改变想法与态度的能力
	协助与关心	协助同事、顾客以及患者等，从医学角度给予关心，从心理角度给予支持，以及进行其他关心的能力

奥斯本从903种职业中选择702种作为分析对象，再从中选出70种可以进行机器人化评价的职业。对于这70种职业，机器学习的专家们从"能否在大数据时代中生存"这一角度出发，在

0～100%这一数值区间进行评价。下一步再以这70种职业的可机器人化为基础，推测702种职业的可机器人化。这些专家在推测过程中采用了机器学习手法，机器以人为评价的70种职业为教师示范进行学习，并评价余下的职业。

奥斯本的机器学习研究结果给当时的世界带来了冲击。702种职业中的47%会有97%以上的可能性被机器人替代。关于最难被机器人化的职业，排在第一位的是文体治疗师，排在第二位的是负责引进或修理最先进设备的技术员。文体治疗师通过各项文体活动促进患者身体、精神方面的恢复。其他排在难以被机器人化的职业前几位的还有精神护理、医师、心理学家、小学老师等需要高度社交智慧的职业。

在奥斯本的研究中，被机器人夺走工作危险性最高的职业有：电话营销人员、各类技术人员、事务人员、销售等相关工作。令人感兴趣的是，就连不动产中介、电车司机、出租车司机，甚至模特的工作也有被机器人夺走的风险。

金融业中多数非单纯性劳动都是机器人化的对象

至于金融业，不知该说是遗憾还是不出所料，大量的工作都进入了被机器人化排行榜的前列。表6.2中列出了今后10年到20年有很大可能性被机器人替代的前50种工作里与金融相关的工作或人员，以及其消失的概率。

第6章
被机器人抢走的金融工作

表6.2 今后10年至20年有很大可能性被机器人替代的金融工作或人员举例

排名	概率（%）	工作或人员
5	99	保险营销
10	99	银行新账户开设事务员
14	98	保险金理赔与保险合约手续事务员
15	98	证券中介
17	98	金融机构融资人员（贷款负责人员）
18	98	保险审查、保险金理赔
20	98	银行前台
26	98	信用分析
36	97	信用审批和确认

其中，银行前台、融资、信用分析、信用审批等是银行与信用卡公司的核心工作，保险审查人员与保险金理赔等人员又占据了保险公司员工的很大比例。换言之，在金融界，原本需要大量雇用员工的主要工作被判定为在将来有被机器人替代的风险。

分析结果的特征为，具有较高风险被机器人化的工作并非单纯的劳动类工作，而是相对需要较高知识水平的工作。例如，信用审查与融资等工作需要经验与知识，对20世纪以前的计算机来说这项工作并不简单。

银行前台等窗口工作本身并没有太大的价值，但是需要与包括老年客户在内的各个年龄层、不同性格的客户进行交流。如果有像IBM的"沃森"那样具备问题回答能力的机器人，那么也许能够解决问题，也许这会成为10年以后各大行业的窗口形态吧！实际上，已经有了关于将"沃森"嵌入软银的人形机器人Pepper

的相关新闻报道。

奥斯本及其合作者的研究结果非常引人注目,但是这一结果基于一个相当大胆的前提条件,这一点必须加以注意。具体来说,将与知觉与操控、创造性及社交智慧无关的技巧一律作为能够被机器人化的因素这一做法,在很多方面感觉过于简单粗暴。机器人难以胜任的也许还有其他领域,而且对理解人类感情的机器人的研究也是在近年才开始进行。如果机器人能够很好地处理人类的感情,那么将被机器人夺走的工作也许会比奥斯本的研究结果更多。

行情分析和信用风险评估基本上都采用数字模型分析

下文我们将探讨金融相关工作将会以怎样的形式被机器人夺走。交易与资产管理工作正在逐渐被机器人替代,这一点在前文已经做了介绍与说明,这次我们来看一下银行的工作,具体来说就是信用管理。

企业贷款与信用风险评估人员是从哪些方面来评估客户信用风险的呢?企业的财务信息是重要的判断材料这一点自不用说。其他还有经营者的品格、对于贷款项目的态度,以及当前企业所处行业的商业环境等都是重要的材料。

企业财务报表分析自古以来便有基于统计性分析的经验法则。早期著名的模型有美国学者爱德华·阿特曼(Edward Altman)在1968年开发的Z分数(Z-score)模型。Z分数模型通过企业过去的破产数据及销量、利润等各项财务指标进行重回归分析,从而计算出信用风险的大小。Z 分数模型虽然仅仅是通过易于获得的财务指标进行简单的计算,但是由于使用效果良好,因此在很长一段时间里一直被使用。

信用风险评估的另一个方法是利用罗伯特·默顿在 1974 年开发的默顿模型。该模型基于著名的期权定价模型布莱克—斯科尔斯(Black-Scholes)模型。根据默顿模型,企业价值(或者作为其替代的股价)可以用于进行期权评价,当企业价值下跌到一定程度后,则放弃执行期权。具体细节在此不做过多说明,企业信用风险分析的定量模型主要包括基于统计学手法的 Z 分数模型(也被称为"诱导性模型")与默顿模型(也被称为"结构性模型")。这两种模型经过改良被使用至今。

进入 21 世纪后,上述统计分析模型得到了进一步发展,股价指数、外汇汇率、国内生产总值增长率、通货膨胀率等各项宏观经济指标被组合进来,利用统计模型分析企业破产风险的做法开始出现。通过在这些模型中合理地加入各类因素,能够提升破产风险计算能力。

关于统计性分析与人工智能的大量交叉部分在上一章已经进行了说明。采用各种宏观经济指标来进行破产统计性分析这一先进手法,可以说已经到了距离采用大数据的机器学习进行分析仅有一步之遥的阶段。破产统计性分析除了使用宏观经济数据以外,还可以使用世界范围内与各个业界特性相关的经济数据,如此一来,经过机器学习的分析,可以获得远超人类分析考虑大量因素的多方面评价。换言之,采用大数据与机器学习来分析信用风险实际上只不过是以往统计性信用风险分析技术的延伸。

那么,经营者的品格与态度等该如何测量呢?这些因素的测量看上去好像对机器来说十分困难,但实际上可能并非如此。原因在于,企业的经营状态除了该企业公开的各类资料以外,还有新闻、杂志文章、推特等内容可以利用,通过这些消息,也许能够推算出企业的实际经营状态。这与股票投资时利用推特评论来进行分析的原理一致,原本企业的信用风险评估就与企业股价预测有相当大的重合部分。

大数据时代可进行个人行为模式分析

在大数据时代,比起企业的信用风险分析,个人的房贷与信用卡分析等信用分析也许有着更高的有效性。

举例来说,以往的房贷与信用卡审查是根据借款人申请时的年薪、职业及过去的还款状况等几种有限的数据来进行信用风险分析并放贷或设定限额的。但是,此后直到发生延迟还贷等其他问题时,其间的个人信用追加信息几乎没有得到利用。原因在于,由人类来进行信用风险评价的话,无法在每一个客户上分配过多的时间与劳动。

与此相对,大数据时代的信用分析可以利用与个人有关的所有信息,实时监控个人信用风险。可以利用的数据有个人银行账户动态、信用卡使用历史、居住地区及与职业相关的数据。利用机器学习可发现这些个人行为模式、个人周围环境的信息与信用风险的关联性模型，并据此对个人信用风险加以评价。

传统的人工信用风险分析与采用了各种各样大数据的信用风险分析，究竟哪一个更加及时，更能发现难以察觉的信息，这一点自不用说。

零售金融的大数据分析竞争开始

在金融业务中，特别期待利用大数据的是以个人及中小企业为服务对象的零售金融。刚才对信用风险分析进行了说明，但是对个人行为模式的分析并不是仅在这些方面能够发挥作用。通过数据分析得出的与个人特性有关的信息可以被利用在机器人咨询中，如资产管理、保险等金融商品推销方面，甚至还能根据客户特性开发商品等，其应用领域极为广泛。

大部分美国与英国的金融技术企业都以零售业的客户为目标。虽然各类业务的切入点不同，但是其核心战略几乎是共通的，也就是尽可能多地搜集个人与中小企业的数据，并且加以灵活利用。

本书到目前为止仅介绍了金融技术企业中的机器人咨询，但是以大数据的获得与利用为目的的金融企业实际上还有很多。例如，一些金融企业在向客户提供资产管理等应用软件的同时，也向投资公司与调查公司销售客户银行卡使用状况等数据。这些公司将零售业客户的数据作为商业工具。

其他类型的商业模式还有P2P借贷平台，这些平台将想要借款的个人、中小企业和想要通过贷款来管理资产的个人相连接。在第一章中介绍的 Lending Club 与 SoFi 就是其代表性企业。P2P 借贷平台对个人与中小企业的信用进行审查，并通过网络等途径寻找个人贷方。由于在 P2P 借贷中借方的审查是扩大业务非常重要的一环，因此大数据分析作为信用风险分析的王牌受到了极大关注。

当然，利用情报或技术与竞争对手拉开差距的做法在金融机构中也同样被使用。现有的金融机构与金融技术企业的对抗手段主要是利用网络及手机提供服务，而通过大数据分析来实现与对手的差异化这一点，可以说金融机构与金融技术企业没有太大差别。

在美国与英国，新兴金融技术企业与现有的金融机构并存，二者在开展激烈竞争的同时，金融的新形态也在逐渐形成。

美国、英国的银行正式开始削减分支机构数量

由于使用网络、移动设备的新服务逐渐普及，银行的商业模式正在改变，分支机构持续减少。对于这一情况，有一个人正在积极地传递着各种信息，这个人就是澳大利亚出生的布莱特·金（Brett King）。布莱特是创立无卡移动银行 Movenbank 的人。他认为 21 世纪银行的形态会因为网络与移动设备，特别是因为移动设备而发生戏剧性变化。

布莱特在 2012 年出版的著作《银行 3.0》（*Bank 3.0*）中有如下主张：目前银行分支机构所承担的账户开设、商品购入、资金转移、问题解决等所有服务，虽然其程度根据业务不同而有所

差异，今后将转向直销银行进行处理。特别是银行柜台所提供的事务性服务，今后在分支机构的必要性将越来越低。可以预想，今后银行分支机构的布局将发生巨大变化，变化的基本方向是高柜台向低柜台转变，同时，银行分支机构不再给人留下冰冷刻板的印象，今后将会向店铺、商场、咖啡店等更富有魅力并且能够令人放松的场所转变。但是，尽管做出这些努力，由于网络能够提供高质量的解决方案，因此物理意义上的银行分支机构存在的意义将越来越小。根据预测，在今后10年里发达国家的银行分支机构数量将被削减30%～80%。

美国零售业金融的发展状况与布莱特所预想的一样。根据布莱特最近发表的文章，美国银行将在2014年仅仅一年的时间里削减6%的分支机构。大型银行美国富国银行（Wells Fargo）等计划在今后6年内削减22%的分支机构。英国的状况也基本一样，大型银行开始不断地削减分支机构数量，传统银行形态已经开始变化。

被机器人化风险较高的保险和证券营销工作

到目前为止，我所介绍的人工智能在金融领域的应用一直都以信用风险与银行工作为中心，现在我们把目光转向金融的其他领域。在奥斯本的分析中，金融业被机器人化风险最高的工作是保险营销。具体来说，大家可以参考人寿保险的外勤人员、通过银行窗口等销售损害保险的营业负责人等。

被人工智能操控的金融业

为何保险营销的工作容易被机器人化呢？我们把人寿保险外勤人员的工作与负责个人资产管理咨询的机器人专家相比较就很容易理解了。两者都是通过听取客户的人生规划与资产的运用途径，推荐适合客户的金融产品，从这个意义上来说，两者的工作内容是相似的。但是，在人寿保险的营销工作中，对于客户的风险偏好无须像资产管理那样了解得非常详细，同时，与机器人专家不同，保险营销人员对于投资组合的构成无须苦苦思考。如果是这样的话，那么也许采用比机器人专家结构更为简单的机器人便可应对该项工作。

此外，像汽车保险、火灾保险等产品，已经能够通过网络进行价格比较与购买。营销这些产品甚至无须像人寿保险一样详细了解客户的人生规划，因此，将这些工作机器人化更为简单。

随着近年来机器人专家的急速增长，其他金融产品的营销工作被机器人化在不久的将来应该也会发生。

在日本，有些工作与美国机器人专家的工作类似，如股票、债券、投资信托的营销，也就是证券公司的营销工作及投资信托银行等的窗口销售。对于让机器人来销售保险产品，只要有这个意愿的话，完全不存在难度。也就是说，在日本，真正的机器人专家登场不过是时间问题。

留给人类的工作是什么

在美国与英国正在发生的变化不久之后应该在日本也会发生

吧。那么,对于被机器人夺走工作的人来说,剩下的工作会是什么呢?老实来说,我没有预言未来的能力,因此只能在常识的范围内考虑。

首先可以想到的是,机器人的制造、维护与监视等技术与风险管理工作会变得越来越难,同时也会变得越来越重要。毕竟,机器人与科技已经不是以前那样的辅助技术,而是承担了金融机构的核心工作。并且,由于今后的技术会不断革新,能紧随技术革新步伐就是一项很艰难的任务。换言之,负责制造、管理机器人的人会有更大的工作负担,需要更强的技术能力。

另一方面,迄今为止一直是金融机构核心工作的客户营销与风险分析也会产生巨大的变化。原因在于,这些需要专业知识与经验的工作大部分会被机器人替代。因为人类在正确性与速度方面远不如机器人,因此一旦机器人能够灵活使用专业知识,那么人类就没有继续负责该项工作的必要了。这样一来留给人类的工作就只剩下那些辅助机器人的工作,以及机器人目前无法替代的服务业工作了。奥斯本列举的难以被机器人化的要素之一——社交智慧,其中的重要一项是理解人类的情感。

但是,像软银的Pepper那样擅长处理人类的感情,举止讨人喜欢的机器人开发也在急速进行着。这类研究的成果即使离能够担当小学老师这项工作还有一定距离,但是胜任接待金融机构的客户这类程度的工作还是游刃有余的,像这样有着一定"人性"的机器人在不远的将来即使出现也不足为奇。这样一来,在金融界中除技术相关岗位外,人类的生存空间将越来越小。

被人工智能操控的金融业

国际清算银行已关注大数据的洞察力

除了对冲基金公司与金融科技企业以外，监督世界范围内银行健全性的国际清算银行（BIS）也开始关注大数据在金融业内应用的有效性。2016年2月，国际清算银行发表了一篇报告，该报告起始部分由以下要点构成：

> 新的数据形式已经出现。尽管人类有着对于无法完全掌握事物的本能性抗拒，但是大数据领域正从以往看上去没有任何联系的细微数据集合中不断地发现新的因果关系。通过即时的经济指标洞察，也许会诞生新的经济理论。中央银行虽然没有走在时代前面的必要，但是通过这样的新方法，抽取即时的经济信号，强化经济预测，更加精确并且及时地评价金融政策的影响，像这样的机会不应该错过。

被认为过于保守的国际清算银行对于大数据的应用做出了"通过即时的经济指标洞察，也许会诞生新的经济理论"的评价，该部分值得关注。关于这一点，我也深有同感，人工智能如果能够通过使用大数据，以新的视角在更广的范围内进行统计分析的话，经济理论本身就有被改写的可能。

国际清算银行虽然认为中央银行没有必要走在时代前面，但是该报告无论怎么看都像是在催促包括各国中央银行在内的金融机构加速利用大数据。换言之,国际清算银行认为不仅是金融机构,就连中央银行的政策、经济理论本身也会因为大数据而产生变化。如果是那样的话,金融机构的工作发生变化也是理所当然的事。

第7章

要么适应，要么准备被替代

日本的金融科技大多停留在提供便捷功能上

2015年后半期，金融科技这一词汇开始出现在日本媒体中。现在，书店里相关的杂志或书籍铺天盖地，金融科技呈现出日本特色的短期热潮。那么，日本引进的金融科技是怎样的呢？其中大多数是通过云服务及网络技术，让人们可以比原来成本更低且更方便地获取会计、家庭支出、贷款信息等内容，除此之外还有提供日本式的细致到极点的优质服务。一些特大银行还在拼命宣传"利用区块链的金融科技"，如有报道说三菱东京UFJ银行准备发行自己的假想货币。我不知道特大银行发行自己的假想货币能提供哪些便利性和满足什么需求，但至少宣传了其正在积极引进最先进的技术。

就这样日本的金融科技骚动与美国、英国的金融科技内容出现了相当大的偏差。例如，英国政府于2015年制作的引进金融科技的宣传册中，提到金融科技的关键技术有机器学习和认知运算；数字货币和区块链；大数据解析、最佳化与融合；分散型体系、手机支付和P2P软件等。所谓认知运算是基于经验性知识的运算，如同IBM的"沃森"。英美最初的金融科技中出现了机器学习和认知运算，令人感到日本与其意识间的差距。再加上大数据的利用，使人明白与便捷功能相比，金融科技更注重强大的人工智能技术。

这完全是我的个人推断，对于日本金融机构文科专业出身的经营者来说，在种种关键技术中，他们能理解的也许仅仅是作为假想货币运用的区块链。要理解机器学习等最新的人工智能，必须具备相关的数学知识，以及对计算机运算法则的洞察力等，这对于尚未习惯这些思维的"文科头脑"来说相当困难。

对幕后世界所知甚少的日本

包括金融机构在内的日本社会，对于对冲基金公司或超高速机器人交易员所知甚少。这也许是以日本为基地的对冲基金公司现在仍然为数极少，或日本对超级对冲基金投资仅限于一小部分投资机构的原因之一。

与对冲基金的幕后世界疏离，我个人认为这与日本人的心理也有关系。日本其实有很多有才干的个人投资家，但是多数日本人满足于自己生活的钱绰绰有余就足够了，想管理数千亿日元或上兆日元的资产、建立基金这种野心勃勃的投资家几乎不存在。并且，想培养此类资产管理者的资产家也很少。结果，对冲基金公司这种商业模式本身在日本就成了负面存在，挂靠在所罗门兄弟公司（Salomon Brothers）等有投资风气外企中的一部分人只做一些零碎的投资。因此，正如前文中介绍的那样，以万亿日元为单位谋取利润的对冲基金公司猎寻世界最顶尖的人工智能研究者，寻求最强的机器人交易员这种思维对日本人来说简直不可思议。

基于这些实情，在日本虽然金融科技和人工智能都成为被热烈讨论的话题，但人工智能和资产管理或交易怎么也联系不到一起。

保驾护航体制时代形成的官僚性企业文化

造成日本金融机构文化特征的最大原因是第二次世界大战后的金融政策。所谓保驾护航，原来是指海军战术中与速度最慢的船只互相呼应，一边守护整个船队一边前进的方式。金融行政当时的监督机构大藏省对各金融机构指手画脚，采取政策不让金融机构破产。实际上，除了大藏省，还有国内少数几家主要的银行企划部门决定着金融机构的发展方向。

保驾护航体制的另一个特征是高筑行业篱笆，不同行业种类或不同业态之间不允许相互渗入，从法律上设置领域界限，银行就是银行，证券就是证券。不仅是证券与银行不同，就连外汇兑换专业银行东京银行、长期信用银行等都要各自遵守法律，不得竞争。

这一政策在第二次世界大战后的经济复苏时期或经济高速增长时期取得了很大成果，由于制定了不会引发激烈竞争的制度，金融机构经营稳定，银行为日本的产业发展做出了贡献。

被人工智能操控的金融业

保驾护航体制时代的文化一直延续到20世纪末。第二次世界大战后至1998年，各银行有一种工作叫大藏省联络员（MOF担），他们频繁出入大藏省获取政府意向或信息。大藏省联络员是银行精英中的精英，他们很快升为银行高层的概率很大。

银行与技术相关的3次大规模系统化行动是在保驾护航体制总舵手大藏省的摇旗呐喊下的20世纪60年代的第一次联网、70年代的第二次联网及80年代的第三次联网。这些系统化与当时世界水平相当，例如，现金自动存取款机实现了现金存取，并提供自动取款、汇款等服务，当时尚处于现金支票社会的欧美在这一点上与日本是无法比拟的。直到此时，日本保驾护航体制的优势还相当强大。

但是，20世纪80年代以后，美国各个领域开始改革，情况突然发生改变。一直持续到20世纪80年代的日本金融保驾护航体制开始出现制度疲劳，曾经高高在上发挥司令塔作用的大藏省、日本中央银行及主要银行的企划部门失去了培养和安置金融改革人才的灵活性。日本的金融机构还是延续保驾护航体制时代的经营方式，只是关注政府或竞争银行的动向。

经济学家池尾和人在1994年出版的一本合著中列举了保驾护航体制的4个缺点：

（1）限制竞争造成资金分配效率低。

（2）经营责任不透明。

（3）存在管理分歧（由于控制竞争造成不必要的规模膨胀）。

（4）创新能力衰退。

池尾认为，保驾护航体制最大的缺点是创新能力衰退。我完全赞同此观点，并且个人的体验也一致。日本金融机构创新能力的欠缺到了 21 世纪愈加恶化。

对外部环境变化感觉迟钝的纵向型组织

我也有金融机构纵向型官僚式企业文化的亲身体验。我刚毕业时入职的东京银行，其前身叫作横滨正金银行，专业从事贸易金融、外汇兑换。东京银行与其他日本国内银行相比，海外业务、网点比例相当大，其他银行无法与之比较。该银行就像是一艘脱离保驾护航船队孤立航行的中型船只。由于我被分配到这种特殊银行中开拓新业务的部门，说实话，我并没有感受到太多的保驾护航式文化。

但是，该银行在 1998 年与大型都市银行合并成为世界最大银行之后，企业文化完全改变。合并的对方大型都市银行是航行在保驾护航式船队中心颇为自负的银行。合并之时，我正在伦敦，与当地的同事工作在一起，没有受到直接影响，但还是马上感觉到企业文化发生了改变。

有意思的是，从日本派遣来工作的同事，唯东京方面马首是瞻。例如，即使没有什么重要工作的时候，他们还是会留在公司，连续几天工作到深夜，等待有时差的东京总部早上开门。后来我好不容易才弄明白，与经营高层或政府直接联系的企划部握有绝对权力，决策由企划部制定，经由几个总部担当部门之后才能将命令传送至实际操作部门，这就是纵向型官僚式的企业文化。而且，据说总部的人事部在人事上握有绝对权力，即使实际操作部门上司对直属部下的评价再高，人事部都只认可自己的意见。幸好，我周围都是英国当地的职员，所以个人工作环境几乎不受影响，但这种企业文化对我来说实为震惊。

保驾护航体制时代形成的日本金融机构的企业文化对外部环境感觉迟钝。这样的组织，在目标清楚的情况下由总部企划部主导，擅长横向行动，各操作部门要敏感地看清时代潮流迅速行动很困难。

重视经验与直觉的交易模式

东京银行不仅从事海外业务，在外汇交易方面也领先于其他国内银行。它是日本唯一一家外汇业务专业银行，依据的法律也与其他日本银行不同，所以在外汇交易方面不可能输给其他银行。

1973 年，美元兑日元的汇率变为浮动汇率制，自那时起，东京银行出现了多位传说中的外汇交易员，其中几位被外资金融机构挖走，剩下的几位成为市场部门领导留在了东京银行。他们的交易方式存在某种程度的个人差异，但是基本上以经验和直觉为重。所谓经验是指对图表或其他汇率变动模式、造市时机、止损能力等的认识。东京银行的外汇交易员中的确有非常优秀的前辈，他们具有独特的外汇直觉，至今仍然活跃在市场上。

东京银行的外汇交易依靠所谓的工匠精神。外汇交易室形成了匠人带徒弟制度般的社会，在此适应性强的人习惯了以后会感觉相当舒适。而我的交易模式基本上是寻找、买入廉价的长期期权，想尽办法减少期权的维护成本，通过对冲操作赚钱。这种探索与传统性匠人带徒弟制度模式完全不同，幸好我的周围都是伦敦当地员工，上司也很理解，这种模式才能得以运用。

据我所知，日本其他金融机构的交易模式好像都差不多。这种依靠经验、直觉（和运气）的模式，在美国也有人使用。只不过，美国也有很多人使用把数学、统计或技术推到前台的模式（称作"量化交易"）。近年量化交易占据了主流。

只追求眼前手续费的证券公司

假如银行文化是纵向型官僚式，那么可以说日本的传统证券公司文化就是只着眼于获得眼前蝇头小利的手续费，而不重视与客户构建长期性共存关系，证券公司因此经常受到批评。

证券公司这种文化的典型表现之一就是游说客户购买结构债券。对金融商品比较清楚的读者可能听说过联动债券或 PRDC 债券等名称吧，这些都属于结构债券。受到雷曼兄弟公司倒闭的冲击，股价及汇率发生大波动，很多结构债券的投资者受害，一时间成为社会问题。

证券公司之所以拼命游说客户购买联动债券，是因为其利润大大超出普通债券。如果成功售出联动债券，证券公司轻而易举就能获得一成至二成利润，高的时候按约定的时价评估利润甚至可达到本金的一半。本书无意详说此问题，感兴趣的读者可以参考岛义夫或吉本佳生等的书籍。不仅是联动债券，证券公司通常倾向于销售高佣金产品，但佣金高的产品通常风险也高。

证券公司获利的另一个手段是推荐特定股票。假如证券公司推荐的股票正在展开营销活动的话，该只股票的价格在一定期间就会上升，所以证券公司会告诉客户该只股票可以使其赚钱。虽然该股票价格在一定时期上升但很快又会下跌，出逃慢的客户相反会有损失，而证券公司则因买卖频率上升赢利。

日本的证券公司长年来一直使用这种销售模式，现在仍然难以从这种模式中抽身。这种文化与投入长时间、人才、资金开发高性能机器人交易员的文化性质完全不同。

在日本的中小证券公司中，积极进行传统性自我结算股票交易并以此为收益支柱的公司不少。但是，这种证券公司的交易依赖于人类交易员（在日本被称作"经纪人"）的经验和直觉。近年来的市场呈现超高速机器人交易员越来越多的状况，日本证券公司的多数交易员在苦苦挣扎，也有不少证券公司缩小业务规模。这就是日本证券公司的现状。

被制度保护至今的人寿保险公司

同样拖着陈旧体制的还有人寿保险行业。虽然银行或证券公司因法规松动发生了激烈的整顿与合并，但日本的人寿保险公司

第7章
要么适应，要么准备被替代

直至现在依然维持保驾护航体制。

所谓被保护是指人寿保险产品仍然采用收取高额佣金的模式。很多读者都买了人寿保险，但支付的保险费中有多少被用作保险经费呢？几乎不为人知。保险公司没有公示的义务，主动公开这一数据的在日本只有一家保险公司——LifeNet 人寿保险。LifeNet 人寿保险的经纪人费用率在 20% 左右，但其他人寿保险公司，特别是大型人寿保险公司的经纪人费用率要远远高出很多。

日本被称作保险天堂，日本人会买高额的人寿保险，但这么多国民买人寿保险的一个原因是无法判断加入保险的得失。关于这些情况近年来杂志或书籍上的说明也在逐渐增多，有兴趣的读者可以买一些阅读。

20 世纪 90 年代后半期，以"日本版宇宙大爆炸"为名的一连串制度放宽，给日本的人寿保险公司带来了一定的影响，但人寿保险行业只是拖拖拉拉、慢腾腾地进行了一些改革。有人批评说，这是因为保险公司与监督官方金融厅的关系过近所致。本书没打算就此问题深究，但是继续受法规或政府保护的保险行业，即使有些许竞争引入，基本上还是处于温水煮青蛙的状态，其对海外状况或技术进步的反应甚至比官僚式的银行都迟钝得多。

根据奥斯本对机器人化后职业的预想，金融行业中机器人化风险最大的是保险营销人员，紧随此后的几种也是与保险相关的职业，但是，现在的日本人寿保险行业根本没有抢先实行机器人化，大幅削减经费的意识。

20 世纪末设立的网络银行、网络证券公司的烦恼

再次回到关于我个人的话题，2000 年，在日本超大银行伦敦分公司从事金融衍生品业务的我决定跳槽到索尼公司。据先一步进入索尼公司的晚辈说，当时索尼公司刚刚定下方针要新设立网络银行，正在寻找新银行的市场投资担当。我成了当时人数不多的银行成立筹建小组的一员。

我认为索尼公司将成立的银行商业潜力很大。原来的日本银行都是通过总行或分行营业人员的操作办理存款、取款及汇款等业务。如果有网络银行，那么可以不用雇用很多人员提供存款或汇款服务等，网上贷款业务根据其种类也将成为可能。

当时，信息技术热潮也起了推动作用，网络银行的设立出现了小高潮。除了索尼外，日本网银等好几家网络银行几乎在同一时期成立。在银行之前率先行动的 Monex 证券等几家网络证券公司也相继成立了。

此后，经过 15 年左右的时间，当时成立的网络银行各自经过曲折的发展可以说取得了极大成功，在金融界占据了一定地位。作为后起之秀参与进来并成长为最大网络银行的住信 SBI 网络银行的存款总额大约为 3.5 兆日元，索尼公司网络银行的存款总额也有接近 2 兆日元的水平，它们都产出了相当高的利润。但是，这也许不是网络银行成立之初很多相关者所期待的那种程度的成功。在日本，即使是最大的网络银行，规模也仅与中等地方

银行相同，其水平与大银行完全不能相比，而且网络银行业务的内容也没有出现根本性改变。网络证券公司在业界的地位比网络银行稍好些，但差异并不太大。

网络银行在日本至今为止没有创新，这其中有各种各样的理由。我个人认为一直持续的零利率状态是一个主要原因。网络银行的商业模式是以较高存款利率筹资，然后将这些资金大部分投资到债券等，而实际情况是债券收益率极低，网络银行与实体银行的差异化有限。并且，有的年龄层投资者不习惯使用网络，对网络有抵触情绪，也许网络银行还要等待某种程度的年龄层更替。甚至，还存在一个原因就是部分跳槽至网络银行的人员，把原来所属金融机构的那种僵硬的企业文化带了进来。

至于网络证券公司，其没有实现创新与银行多少有些不同的理由。但是发展到今天，它们的烦恼状况是一样的。而且，网络银行或网络证券公司的业绩增长烦恼，并没有给实体金融机构带来危机感。在美国，与网络相关的商业也出现了增长烦恼，但主要原因是出现了实体金融机构加强联网交易服务、网络证券公司的业务多样化等方面的竞争，金融业整体的联网服务质量大大提高。美国和英国近年来有很多金融科技应用到联网金融服务中，导致相关行业竞争更加激烈。

数字性作战中极其落后的日本金融业

前文说明了至今为止日本金融业各种业态的文化，从中可以

被人工智能操控的金融业

看出日本金融业活用人工智能及大数据这一点还相当落后。

例如，关于机器人交易员，日本金融机构中凭借经验和直觉的匠人性质文化过强，几乎没有数学统计分析这一思维。而且，即便有极少数公司想尝试使用数字性手段，那也只不过是零散的、有限度的尝试，它们不充分相信机器人的性能，也没能顽强坚持开发。其结果是东京证券交易所于2010年从国外引进了可以让超高速机器人交易员大显身手的Arrowhead平台，之后又从美国等国引进了许多机器人交易员，活跃地展开了交易，但日本造机器人交易员几乎没有。据专家友人介绍，东京外汇交易市场也一样，一直是被外国产机器人交易员占据。

关于信用风险分析，美国在20世纪80年代末出现了从事个人信用评分业务的公司，作为住房贷款借方的个人和作为贷方的金融机构都可知晓并利用其给出的信用级别。

美国利用统计性分析进行评分的文化已根深蒂固。正因为如此，作为其延续和发展，大数据和机器学习才得以被重视。与此相反，日本没有这种可广泛利用的信用评价系统，房贷审查通常依据的是个人年收入、工作单位或工作年限等，并不注重利用统计性分析得出借方业绩，而是更重视其工作单位的规模或知名度等。同样，金融机构针对企业贷款的信用风险分析也是更重视经验和直觉，而不是进行统计性分析。

第7章　要么适应，要么准备被替代

对人形机器人恋恋不舍，对非人形机器人却漠不关心

　　前文谈论的只是日本的落后方面，其实日本也有发达之处，我想聪明的读者不会误解吧！本书反复提到过的机器人或机器人交易员是隐藏在服务器内或计算机中的机器人，而不是人形机器人。日本金融业在非人形机器人领域还相当落后。

　　正如大家所知，日本对于本田公司经多年改进的仿人机器人阿西莫（ASIMO）和软银集团于2015年开始销售的人形机器人Pepper非常热情。日本对看不到形态的机器人极端淡漠的主要原因是，"机器人"这一些概念与可爱形态的人形机器人联系过于紧密。

　　金融机构的经营者似乎认为人形机器人形象丰富、容易联想，好几家超大银行纷纷表示要尝试或计划在店堂内引进接待客户的机器人。特别引人注目的是软银集团的人形机器人Pepper，其装载了IBM的"沃森"。Pepper作为终端装置能够提供服务，并具有回答问题的能力，媒体对此也做了特别报道。这些尝试虽然多少走过一些曲折道路，但不会有太大的障碍，所以日本也许是银行大量柜员机机器人化最早的国家。

　　也就是说，日本虽然在非人形机器人领域相当落后，但是其柜员机型机器人有走在最前沿的可能性。这就像与金融机构的经营落后无关，日本的自动存取款机的复杂性及设置台数是世界第一。尽管日本自动存取款机的性能是世界第一，但仅依靠一个项

目无法大力推动日本金融产业的综合发展。

不过，人形机器人的装载软件（人工智能）性能也很重要，这一点和非人形机器人是相同的。今后，将是机器人自我学习适应状况的时代，日本如果要走在人形机器人前沿，就应该尽全力成为相关软件的研究开发国家。

缺乏数字性感觉的日本金融高层

日本的人形机器人与看不见、摸不着的非人形机器人的差异究竟会如何发展？我之所以强调日本落后是因为希望能早一点认识到问题，紧追而上，朝着先进方向发展。

但是，我深知日本金融机构僵化的企业经营和匠人性质的企业文化，觉得情况不是很乐观。前几日，我刚好有机会与我在大银行工作时的老上司见面，我们坦率地谈到了日本金融机构所面临的决策问题。他认为，至今为止，日本的金融机构还是通才可以出人头地的组织，最前沿的业务部门只要配置有一定理解能力的上司即可应对业务，但是，这种方式对于发展最前沿业务起不了太大作用。美国的大多数金融机构，并不是由具有某种程度理解能力的通才担任部门领导，而是与年龄无关，将最熟悉该领域的业务者放在部门领导的位置，并且还会给这个人很大的权限。

原来金融机构的通才大多是文科出身，几乎都缺乏运用数字技术高效且快速地开拓事业的思维。总体来说，他们缺乏数字性感觉。实际上，从20世纪80年代后半期开始，日本的金融机构

第7章
要么适应，要么准备被替代

积极录用理科学生，但是，就算把衍生金融产品等一部分业务交给他们，也绝不可能达到采用数字性、统计性手法改变公司战略的程度，这也是我的亲身经验。

面对即将来临的人工智能时代，日本的金融机构应该如何与美国或英国拥有强大技术的金融机构抗衡？我个人认为，如果个别企业自主转型困难的话，只有让某种横跨行业的组织或政府主导的组织来推进研究。

第8章

人工智能与未来金融

有必要修正对人工智能的认识

前文说明了人工智能的威力和可能性,不知道读者是否已理解。在日本,有很多人没有注意到近年人工智能的本质发生了急剧变化,这也是无奈之事。

现在推进的人工智能与 20 世纪前的人工智能完全不同。正如谷歌子公司 DeepMind 的创始人戴密斯·哈萨比斯所说,20 世纪前的多数人工智能只不过是按人类编制的程序活动,与此相反,今后的人工智能是机器学习。有专家将这两种人工智能学习的方法分别称为演绎与归纳。20 世纪前的人工智能从人类设定的知识或规则出发演绎性地导出答案,而机器学习的方法是机器从数据中归纳性地导出答案,不断推进学习。这种不同无论强调多少遍都不为过,甚至人工智能学习的框架不久之后也将由其自己学习而定。

说不定,对人工智能基础结构大转换最为震惊的是 20 世纪的一部分人工智能技术人员或研究者。20 世纪前,虽说人类在机器中植入了知识或运算法则,对人工智能倾注了心血,但是今后人工智能的学习方法需要的是完全不同种类的经验和知识,最终机器能随意学习，也有人说不需要人类写代码（程序）的时代到来了。在一些领域中，20世纪的计算机知识或经验几乎不再能发挥任何作用。

现在不擅长的事不一定永远不擅长

虽说人工智能不断发展，但其也有不擅长的领域。例如，读取人类复杂的感情、理解难以用数据表达的常识等。这在某种程度上是很自然的。至今为止人工智能不擅长的几乎都是没有正式让其学习的内容，或者是还没有找到好的学习方法的内容。

最新的人工智能虽说是机器学习，但不是机器完全自主学习的意思。DeepMind公司的游戏攻略深度强化学习也一样，由人类设定规则。能完全自主持续学习的智能叫作通用人工智慧（AGI），包括科幻小说在内，通用人工智慧从很早起一直被议论，但其出场为时尚早。

读取人类复杂的感情、理解难以用数据表达的常识等人工智能不擅长的领域，使得机器有效学习的方法研究已经开始，今后将会发挥其成效。

经济与金融理论教科书被大幅改写的可能性

如果开发出通过大数据分析可以预测中长期行情变动的强大

机器人交易员，这对金融业来说意义非凡。前文曾谈到的国际清算银行的报告中也提到，利用大数据可以及时洞察最新的经济指标，"也许会诞生新的经济理论"。情况确实如此。

在经济与金融领域，基本上是多种因子相互影响同时进行复杂的变动。在宏观或微观经济模型，以及市场价格或信用风险等模型中，考虑的因子数量越多，就越能正确反映模型对象的实际复杂性。

但是，这并不能简单理解成因子数量越多，模型精度就越高。20世纪前，人类设定前提条件或规则建立的模型并没有发挥多大的作用。这是因为，人类决定的前提条件如果不能简化控制因子数量，那么数字性应用就变得很难。但是，近年来基于大数据分析的研究与此完全不同，机器自身寻找必要因子成为可能。

经济与金融的基本思路或原理受统计分析水平的左右。统计分析的水平如果大大提高，经济或金融理论也有被改写的可能。举例说明，可能有的读者听说过股价随机游走理论。随机游走模型最初是精确预测液体或气体中游走的微粒子反复无规则行走的模型，后作为股价变动率模型，在布莱克—斯科尔斯的期权定价模型中使用。

金融界很早就将随机游走理论作为基本模型使用。随机游走理论的历史其实并不久远，直至20世纪中期，还有很多经济学者与现在相反认为市场行情中存在某些规则（模型）。于是，他们在20世纪50年代采用当时最先进的统计分析方法进行分析，结果没有发现规则，市场的价格是随机游走的这一说法得到有力证实。

但是，近年来与市场价格随机游走相反方向的研究一直在推进。对冲基金公司对过去的大数据进行分析，找到规律从而赚钱。

当前很多经济或金融理论都是采用有限能力的方法对过去有限的数据进行分析而确立起来的。正因为如此，近年来随着大数据分析技术的提高，经济或金融理论教科书被大幅改写成为可能。

智能交易只是时间问题

深度学习和深度强化学习等最新人工智能的进步之快大大颠覆了众多专家的预想，阿尔法狗实现了大家都认为今后 10 年间不可能做到的事——击败围棋顶尖高手。使阿尔法狗取胜的是近年成为话题的深度学习和 DeepMind 公司开发的深度强化学习。

深度强化学习确实是一种新的机器学习方法，包括英文书籍在内，我还没有看到对该技术进行说明的书籍。可以说，现在这个时代，突然出现连许多人工智能专家都不懂的方法并由此带来冲击，这也没有什么不可思议。

前文提到的文艺复兴基金公司和桥水公司等一部分超级对冲基金公司多年前已预见到这一时代的到来，它们雇用了世界顶级的研究者将人工智能活用于投资行业。它们在思考，现在开发在交易中发挥威力的机器人究竟是处于试错阶段还是实用阶段？DeepMind 公司的深度强化学习和阿尔法狗的探

第8章
人工智能与未来金融

索研究对它们产生了很大影响,它们正准备扩大在交易中应用机器人。

人工智能的实际应用结合了理论与工程学等技术。很多日本将棋软件研究者不认为阿尔法狗最初学习阶段所采用的神经网络这种深度学习方法是适合图像识别的方法,认为其对围棋或将棋发挥不出效果。如此看来,DeepMind公司不仅开发出了深度强化学习这种新的方法,而且研究出了神经网络新的使用方法,并证实了其有效性。

人工智能技术采用的方法有多种选择,采用何种方法,甚至何种方法与何种方法怎样组合非常重要,同时也是很困难的问题。即便确定了基本研究路线,此后还要没完没了地尝试,同时不断选择或重新调整细节。因此,超强机器人交易员的研发需要花费相当长的时间。

超强机器人交易员将会发挥多大功能我们并不清楚,但从IBM的"沃森"、DeepMind公司的阿尔法狗等近年来人工智能的成功事例来推断,超强机器人交易员不仅具有准确预测行情变动的功能,还具有其他各种各样的功能,包括通过多种方法评价行情预测可靠性的功能,证券投资组合最佳化功能,以及风险管理或交易执行功能等。

兼具这些功能的机器人交易员正在开发还是已有些许成果?我们一无所知。但有一点可以确定,这种机器人交易员在将来会出现,并且功能会逐渐增加。目前,对冲基金公司没有公开表示这种机器人交易员的存在,所以外部人士也只不过是猜测。人们通过对冲基金公司突出的资产管理业绩或传说等猜测超强机器人交易员的存在。

破坏性技术独占风险令人担忧

对我们来说，最令人担心的事就是，机器人交易员这种后台技术不为人知地变得更加强大，只为一小部分人带来利益。如果以巨额资金挖走顶级研究者的对冲基金公司像 DeepMind 公司那样开发新的超强方法，他人甚至不知这种方法的存在，由它们独占技术，其他人的资金则会被它们吸走。

但是，如果对冲基金公司的后台机器人交易员过于强大，其产生的巨大利益很快就会引发世人关注。那时，社会舆论将会强烈谴责该对冲基金公司，也许会要求政府制定相关法规，或者想办法跟风开发强大的机器人交易员。这些动作多少能降低技术独占所产生的风险。

不仅是幕后的对冲基金行业，金融的正面舞台说不定也会发生技术独占。例如，在未来提供金融服务的关键行业，有可能出现像网络搜索行业的谷歌、网络书籍行业的亚马逊那样拥有独占性份额的企业。

金融业的技术独占已有案例出现，典型的是评价大企业或主权信用风险的评级业务几乎由标普等3家公司独占。今后，令人担忧的是与现在的评级机构相比，更广泛、更多样化的商务信息分析服务或工具被独占。

因此，在破坏性技术出现的可能性不断提高的今天，重要的是不让这种破坏性技术被独占,幸好走在人工智能研究最前沿的 DeepMind 公司会随时公开目前的研究成果,并没有让谷歌独占技术的意思。虽然我们不知道被挖走的顶级研究者幕后进行着怎样的研究,但因为 DeepMind 公司,人类认识到了最先进的人工智能的威力。

DeepMind 公司发表的报告也被用作幕后研究,使正面舞台的很多研究者受到鞭策。希望今后最前沿的技术研究者们能一如既往地保持这种开放式姿态。

未来的金融业有两个剧本

未来的金融业大致有两个剧本,其中一个糟糕的剧本是破坏性技术被独占,为一小部分人带来庞大的利益。而技术进步本身谁都无法阻挡,另一个比较理想的剧本是优秀技术被共享,为大多数人所利用,也就是说资产管理的投资方法、借款方的信用风险信息与分析方法等被共享,无论任何人都可以同等程度地利用。当糟糕的剧本成为现实时,拥有最强大的机器人交易员的公司不断从市场吸走利润,个人或企业的信用风险信息与分析方法被极少数公司独占,全世界的金融机构不得不向技术独占企业支付一定的费用。

而当理想的剧本成为现实时,技术被广泛共享,那时又是怎样的状况呢?到那时,银行或证券公司等各金融机构之间的竞争意识会逐渐淡薄,公共服务色彩变得更浓,金融这一行业终究只有金钱价值这一单独尺度，各金融机构能创出特色的余地很少，这点与汽车行业等相比较就非常鲜明。汽车购买者对汽车的要求不仅仅是其乘坐和行驶功能，还有外观、舒适性等多种多样的要求，汽车厂家可以根据多种价值标准体现自己的个性。与此相反，对金融行业的要求从资产管理角度来讲，是稳定获得回报的能力；从贷款角度来讲，是准确评估信用风险的能力。对金融机构的价值判断标准相对来说比较单一，金融机构没有发挥个性的余地。

虽然在原来凭借经验和直觉的时代，各金融机构发挥了一定的个性，但随着由机器学习进行大数据分析时代的到来，原来各金融机构的个性价值将会失去。金融机构向具有一定程度信用的企业或个人提供金融服务时，由于技术共享，无论谁提供服务都没有太大的差异。

假如那样的话，金融机构应发挥怎样的作用？在个人业务方面，金融机构不再像以前那样竞争优质客户，而是希望能发挥更具公共性的作用。并且，金融机构应该加大力度为一直未享受到金融服务或支持的低收入者或财务基础薄弱的中小企业等提供服务。这是我想象的金融理想蓝图。

金融业终将迎来被颠覆的一天

不管好与坏，无论哪一个剧本在将来得以实现，金融工作都会发生巨大的变化。资产管理、金融产品的营销与咨询、信用风险评价及大量的事务性工作会被机器人替代这一点几乎可以肯定。不仅如此，无论技术被独占还是共享，该技术都将在世界范围内得到应用。

金融业只存在经济价值这一单一衡量标准对基于人工智能的分析来说，是非常理想的。近年来，人工智能在计算机游戏等胜负分明的游戏中发挥了强大的威力，而金融行业中的市场交易、信用风险等可以与胜负分明的游戏进行内容置换。

在金融机构工作的年轻人及将来会进入这些机构工作的人今后也许会经历非常大的环境与价值观的变化。产生较大的环境变化这一点，在银行、证券、保险、资产运用等各个行业都是相同的。

实际上，包括我在内，在20世纪80年代到90年代前半期进入大型银行的人正在经历巨大的环境变化。都市银行、日本长期信用银行、外汇专业银行等原有的17家银行通过整合现在只剩下6家左右，一些银行甚至到了濒临破产的地步。但是，21世纪初期的收购面临的是各家合并银行的势力争斗，也就是人文环境的变化，与此相对，今后的环境变化面对的更多是与机器人共存这一完全不同的局面。

关于机器人化与人类工作被夺走在前文中已经进行了说明，现在的大量工作也许会被机器人替代。那么，人类应该怎么做呢？我个人认为，一些工作即使能够由机器人完成，但是由人负责也许更好。例如，向无法仅计算财务指标的富有社会意义的项目融资提供金融服务与咨询，以及需要细心关怀的面向个人的服务等工作,这些工作无法仅用胜或负、有利或不利等标准进行判断。

日本肩负的职责

在马上要迎来激变的时代,对于日本应该发挥的作用,我简单地做个说明。在前面的章节里,我指出了日本金融机构以及管理当局的缺点。那么,从另一个方面来看,日本金融机构的优势在哪里呢?

我个人认为日本没有独占技术以把持世界金融业的想法,以及潜在的公共意识较高,这两点是日本的优点。对于目前日本金融机构的公共意识是高还是不高,说实话,依然存在意见分歧。日本地震与火山喷发等自然灾害较多,可以说,对时不时露出獠牙的大自然的敬畏观念,能够及时阻止人类的骄横。

如果日本获得了强大的技术,那么拥有破坏性力量的技术被独占,全世界的利益被独占者吸收殆尽这样的风险能够减轻。在超强力技术诞生的时代,为避免胜者一人独得胜果的状况,公共意识成了非常重要的因素。我们需要担心的是由于大国的一些想法使得公共意识在政治上受到压制,这只能通过观察未来世界的国家力量平衡来判断。

日本应该做的不是模仿美国对冲基金公司的做法,而是跟上最尖端技术的步伐,创造出在世界范围内不输给任何人的高水准的独特技术,并且尽可能地将其应用于公共目的。

就像前面章节说过的那样,为了实现这一目的,建立一种超越现有金融机构之间利害关系的体制也许更合适。如今日本的金融机构与金融厅等政府当局在应对即将到来的大变革方面,无论是在文化上还是人才上都捉襟见肘,需要以某种形式建立一个日本式的体制。

| 后 记

我在 2016 年春天出版了《数理金融的历史》（日本金融财政事情研究会出版）一书。虽然听上去有些自吹自擂，但是该书对于与金融工程及资产管理有直接联系的经济金融理论及技术的发展，从历史性角度进行了总结，是一本十分独特的作品。该书包含了从 1900 年的路易斯·巴舍利耶（Louis Bachelier）的期权理论到最近的金融技术及人工智能等内容。

我的这一部前作重在说明在金融市场中应用的理论与技术的历史，而本书则收集了关于金融市场与金融商业未来的材料。从这个意义上说，我认为这两本书有着很强的联系。在回顾历史之后，顺势写一本展望未来的书，这在某种程度上说也是一种必然趋势。

通过写作这两本书，我强烈地感觉到现在正是金融业的历史转折点。这次转折始于 2008 年发生的雷曼兄弟公司破产。在雷曼兄弟公司破产以前，与金融产品和信用风险有关的技术出于实务的要求，无视现实世界的复杂情况，在极其简单的前提条件下付诸应用。这些技术虽然常常使用看上去很复杂的公式，但是其

后记

基础是极其脆弱的。雷曼兄弟公司之所以倒闭，正是因为一部分工作人员对金融技术基础的脆弱性视而不见，为了私利鲁莽前进造成的。

在雷曼兄弟公司破产后，人们重新审视到目前为止的金融技术，在国际上以严格的规则加以规范。这一影响直到今天仍然存在，金融行业的规范正在变得越来越严格。但是，金融技术在以往不稳定的基础上，即使再怎么修补强化，其局限性也立即能够被发现。

在金融技术的变革期，以贝叶斯定理为基础的人工智能技术刚好获得了飞跃性进步。以贝叶斯定理为主体的人工智能研究已经超越了重新审视金融技术的范畴，它有可能从根本上改变金融技术。以往的金融技术与经济理论是在有缺陷的前提条件下以演绎性思考法不断发展的，与此相对，新的研究手法则是通过大量数据归纳性地导出市场与经济的规律。

这一新技术在拥有克服了以往研究缺点的闪亮一面的同时，由于其巨大的破坏性，一旦被独占性利用的话，有可能导致极为令人担心的局面。另外，新技术也必然会极大地改变与金融有关的人们的生活，如何面对这一新问题正是本书的主题。

在写作本书的过程中，我获得了几位重要人士的帮助。一位是我在东京银行工作时的金融技术研究同事，同时也是"日本算法交易第一人"小西秀先生。对于本书算法交易与人工智能部分的原稿，小西秀先生给出了重要意见。此外，我还与我在东京银行时的上司驹形康吉先生进行了有益的讨论，内容主要关于日本金融机构的局限性及与美国企业研究方法的不同。

本书能以今天的形式出版，还得益于我与东洋经济新报社斋藤宏轨先生的结识。本书原计划从略有不同的内容出发进行写作，得益于斋藤先生敏锐的洞察力，本书才有了明确的主题并加以整理总结。我与斋藤先生相识还要感谢作为翻译家的我的妻子以及东洋经济新报社的矢作知子女士。衷心感谢以上几位的协助。

樱井丰